H. Hesse
Der Untergang der Titanic

H. Hesse

Der Untergang der "Titanic"

Bericht
eines Überlebenden

*Mit einem dokumentarischen Anhang
zum Verlauf der Ereignisse*

Pendo
Zürich München

Der Erlebnisbericht des Bordelektrikers
H. Hesse wurde erstmals 1927 als kleine
Broschüre gedruckt und veröffentlicht.
Die Abbildungen dieses Bandes sind der
Zeitschrift «The Illustrated London News»,
Jahrgang 1912, entnommen.

4. Auflage 1998

Quellenmaterial: Zentralbibliothek Zürich
Gesamtherstellung: Kösel, Kempten
© Pendo Verlag AG, Zürich 1986
ISBN 3 85842 133 2

Inhalt

Vorbemerkung 7

H. Hesse. Bericht eines Überlebenden 9

Anhang 59

Der Zeitplan der Unglücksfahrt 64

Agenturmeldungen vom
15. bis 17. April 1912 70

Auszüge aus einem Bericht
von Lawrence Beesley, Passagier Zweiter Klasse 89

Lehren der Katastrophe, von Walter Lord 95

Vorbemerkung

In einer eisigen Aprilnacht des Jahres 1912 stieß die TITANIC, der gewaltigste Dampfer der damaligen Welt, auf einen Eisberg. Er ging unter und riß den größten Teil der Passagiere mit sich in die Tiefe. Nur 703 Menschen konnten sich retten.

Als sich der Bordelektriker H. Hesse mit den rund 2200 anderen Passagieren und Besatzungsmitgliedern auf der gerade vom Stapel gelaufenen TITANIC einschiffte, konnte er nicht ahnen, daß dieses als «unsinkbar» geltende Schiff schon wenige Tage nach dem Ablegen, in einer der schlimmsten Seekatastrophen der Neuzeit, untergehen sollte. Seine Schilderung des Ereignisses ist einer der beiden schriftlichen Augenzeugenberichte der Katastrophe. Er wird im Anhang ergänzt durch die Aufzeichnungen des Passagiers Zweiter Klasse, Lawrence Beesley, sowie durch telegraphische Meldungen aus den Tagen nach dem Sinken der TITANIC.

H. Hesse

Bericht eines Überlebenden

In letzter Minute schiffte ich mich auf der neuerbauten TITANIC ein, um einen Elektriker zu vertreten, der kurz vor der Abfahrt erkrankte. 46 000 Tonnen – eine ganze schwimmende Welt! Das kam mir ein wenig sonderbar vor nach dem kleinen Kasten von 3200 Tonnen, auf dem ich an die zehn Fahrten zwischen England und La Plata gemacht hatte.

Es waren unser zehn Mann Bedienung bei der elektrischen Anlage – drei hatten ständig Dienst – und der Chef. Während des vierstündigen Dienstes beaufsichtigte einer die Dynamos, und die andern beiden beschäftigten sich mit dem Leitungsnetz.

Man hatte keine Zeit umherzugaffen, denn die Leitungen zählten nach Kilometern.

Am Abend der Katastrophe war ich um 8 Uhr abgelöst worden. Ich hatte täglich Dienst von 4 bis 8 Uhr, vormittags und nachmittags.

Um zehn Uhr saßen wir nach der Mahlzeit noch bei den Maschinen, rauchten unsere Pfeife und plauderten. Wir alle mußten zwar um 4 Uhr morgens ablösen, doch da es Sonntag war, blieben wir ein wenig länger auf.

Um ein Viertel vor 10 Uhr trat mein Chef plötzlich ein und sagte zu mir:

«Da Sie noch auf sind, so gehen Sie doch auf Nr. 27 der ersten Klasse. Da oben ist eine Dame und macht einen Heidenlärm, weil ihr Telephon nicht funktionieren will.»

Ich hatte zwar keinen Dienst, doch als der Chef mir mitteilte, daß die diensttuenden Kollegen gerade an beiden Enden des Schiffes beschäftigt seien, der eine im Rechnungsbureau, wo eine Sicherung durchgebrannt sei, der andere im Krankensaal, wo die Lampen flackerten, machte ich keine Schwierigkeiten.

Als ich meinen Werkzeugkasten aus der Werkstatt holte, fragte mich ein Dreher, der gerade ein Stück für die Steuerung anfertigte:

«Wissen Sie von etwas? Anscheinend wurden Telegramme in die Wachstube die Offiziere gebracht.»

Alle Schiffe signalisieren uns Eisberge

Ein schottischer Schmied, der auch an einer eiligen Sache arbeitete, wollte behaupten, vor einer Stunde zwei Offiziere gehört zu haben, die von Eisbergen sprachen und von denen der eine zum andern sagte, es wäre reiner Wahnsinn! Man stecke mitten im Eisfelde und führe mit Volldampf wie Verrückte!

Ich ließ sie allein, den Dreher an seiner Drehbank und den Schmied am Feuer. Das war eine halbe Stunde vor dem Zusammenstoß. Als ich das B-Deck entlangging, hörte ich eine prachtvolle *Frauenstimme eine Opernarie singen*. Und als ich einen Blick durch die kleine Lichtöffnung warf, sah ich durch die Gardinen des Musikzimmers Herren im Gesellschaftsanzug und Damen in hellen, ausgeschnittenen Kleidern, die sich um ein Piano gruppierten. Ich stieg zum oberen Deck hinauf. Auf der Treppe begegnete ich dem Kapitän und bemerkte, daß er keine Uniform, sondern einen schwarzen Frack unter dem offenen Mantel trug. Er unterhielt sich mit zwei Fahrgästen. Später erfuhr ich, daß er von dem Direktor einer Konkurrenzlinie zu einem Essen eingeladen worden war und die Tafel kurz vor dem Unfall verlassen hatte.

Die Wohnung Nr. 27 bestand aus den prunkvollsten Gemächern des Promenadendecks. Ich fand eine große, ein wenig verblühte Blondine im Nachtgewand. Sie hatte bereits den Steward wie auch den ersten Hausmeister kommen lassen und machte einen Höllenlärm, weil ihr Telephon versagte. Sie hatte Freundinnen, die zwei Etagen tiefer wohnten, und wollte durchaus ein kleines Plauderstündchen mit diesen Damen halten, bevor sie sich zur Ruhe legte. Sie schickte einen Kellner und ließ ihren Mann aus dem Rauchzimmer holen. Dieser trat auf mit der unbedingten Ruhe eines Bankiers und kam gerade in dem Augenblick, wo die Dame mich hart anfahren wollte, als wäre ich für die Mucken ihres Apparates verantwortlich.

Der Herr schien solche kleine Szenen gewohnt zu sein und sagte zu mir:

«Regen Sie sich nicht auf, mein Freund. Sehen Sie zu, ob Sie es schnell reparieren können. Wenn nicht, müssen wir eben bis morgen früh warten.»

«Morgen früh, morgen früh!», rief die Dame in einem Wutanfall. «Und wenn mir während der Nacht etwas zustößt...?»

«Was sollte Dir denn wohl zustoßen, Kind?» entgegnete ihr Mann.

Sich auf das Sofa streckend, läßt er den Rauch seiner Havanna zur Decke emporsteigen, während ich den Apparat zu Häupten des großen Bettes abschraube.

Eben hatte ich den Schaden behoben und sprach mit der Zentrale, um die Leitung zu probieren, als ich den Stoß verspürte. Es war zunächst ein *ziemlich starker Ruck*. Dann folgte zwei oder drei Sekunden lang ein Schrammen, als hätte das Schiff eine Mauer getroffen. Doch dies merkte ich nur an einem schwachen, seltsamen Beben unter den Füßen, ohne irgendein Geräusch zu vernehmen.

«Haben Sie es gespürt?» fragte mich der Telephonist am andern Apparat.

«Jawohl», antwortete ich.

«Was mag das nur sein...?»

«*Ein kleiner Eisberg, mein Sohn!*

Jetzt wird's Zeit, die Rettungsgürtel anzulegen!»

Ich sagte dies rein zum Scherz, ohne selbst im entferntesten daran zu glauben. Die blonde Prinzessin hatte sich in's Badezimmer nebenan begeben, und ihr Gatte schien auf dem Sofa zu schlafen. Ich konnte daher ziemlich ungeniert reden. Doch als ich mich umwendete, sah ich, daß der Bankier die Augen erschreckt auf mich heftete – er war leichenfahl.

«Was sagten Sie da?» stammelte er. «Sie meinen, daß dieser Stoß...?»

Mit einem Satz springt er auf und stürzt an Deck mit dem Ruf:

«Verteufelt!»

«Die Maschinen gehen nicht mehr!...»

Ich mußte unwillkürlich über seine Angst lachen. Allerdings war es die Wahrheit – die Maschinen standen still. Das Zittern des Schiffes hatte aufgehört. «Wir müssen wohl ein Segelboot entzweigefahren haben!» dachte ich, während ich meine Werkzeuge zusammenraffte.

Mein erstes war, mich zu erkundigen. Als ich mich über Backbord neigte, hatte ich nichts gesehen, obwohl die Nacht nicht sehr dunkel war. An Steuerbord glaubte ich, weit hinterm Heck, eine undeutliche Maße zu bemerken. Ob es der Eisberg war, den wir soeben geschrammt, konnte ich nicht recht unterscheiden, denn bei der großen Geschwindigkeit hatte sich unser Koloss schon zu weit entfernt.

Der Kälte wegen befand sich fast niemand an Deck. Die wenigen Passagiere, die aus dem Rauchsalon der ersten Klasse gekommen waren, fragten sich, wo dieser Stoß wohl herrühren möchte. Als sie nun nach einigen Minuten nicht die geringste Aufregung an Bord bemerkten, gingen sie wieder hinein und spielten von neuem Karten.

Das Piano vernahm man noch immer, doch nicht das Orchester. Wie gewöhnlich hatte die Musikkapelle ihr Konzert um zehn Uhr abends beendet. Erst viel später ließ man die Musik wieder spielen, um eine Panik zu vermeiden in dem Augenblick, da man begann, die Rettungsboote auszusetzen.

Ich ging in den Maschinensaal hinab, doch wußte man auch da von nichts.

Das plötzliche Stocken der Maschinen hatte die dienstfreien Mannschaften aus dem Schlafe auffahren lassen. Allein die Leute blieben in den Betten und tauschten nur ihre Vermutungen aus. Sie nahmen an, daß ein Lager, das bereits seit der Abfahrt

Neigung zum Heißlaufen gezeigt, ein vorübergehendes Stillsetzen notwendig gemacht. Als ich von einem Zusammenstoß sprach, meinten alle, ich scherze nur.

Doch da kam auch schon ein Öler von den Maschinen herauf, um uns die Kunde zu bringen:

«Kinder, wir haben ein Leck!»

«Der Kasten ist auf Eis geraten!»

Alle bestürmten ihn mit Fragen.

«Augenblicklich steht nur erst Wasser in den Vorderkammern», fügte er hinzu.

«Die Pumpen aber haben voll zu tun, und es ist bereits ‹Schotten dicht!› kommandiert.»

Einige der Männer standen auf und streiften die Beinkleider an. Andere verhöhnten die Furcht der Kameraden und legten sich wieder auf's Ohr, um weiterzuschlafen.

Ich eilte nach vorn und stieg sechs Stockwerke tief die Leitern zum Kesselhause hinab, um mich zu vergewissern.

Die Heizer und Kohlentrimmer, von denen ich einige kannte, waren gar nicht aufgeregt. Das Aussetzen der Maschinen verschaffte ihnen eine Ruhepause, von der gewöhnlich während der Arbeitszeit keine Rede sein konnte. Die Kessel vibrierten unter der hohen Spannung. Auf die Schaufeln gestützt, suchten die schwarzen Gesellen plaudernd Kühlung unter den Luftschächten.

Im Kesselraum war keine Spur von Wasser zu sehen. Man wußte nur, daß das Schiff ganz vorn havariert hatte und die großen Pumpen in Gang gebracht waren.

Ich stieg wieder zum Dynamosaal hinauf. Mein Kollege Lockwood hatte Dienst und bewegte sich da mit seinem gewöhnlichen Phlegma – in der einen Hand die Ölkanne, in der andern einen Sack Putzwolle. Die auf dem Mosaikboden montierten Dynamos summten wie sonst.

«Soeben sprach ich den Chef!» sagte er zu mir. «Wir sind anscheinend ernstlich getroffen. Wenn du fünf Minuten hier bleiben willst, gehe ich hinauf zum Marconi. Der Telegraphist ist mein Vetter und schickt wahrscheinlich schon die Depeschen des Kapitäns fort. Bei ihm erfahren wir am besten, was eigentlich los ist.»

Er ging. Während seiner Abwesenheit dachte ich: «Kaltes Blut! Wenn sie uns nur von unten Dampf schicken! Es wäre ja unheimlich, dieser große Kasten im Dunkeln.»

«Ah, Sie sind da?» überraschte mich der eintretende Chef.

Ich erklärte ihm den Grund. Übrigens kam mein Kollege sofort wieder und teilte uns mit, daß der Kapitän die Funker nur gefragt hatte, ob sie Verbindung hätten mit ziemlich nahen Schiffen. Er hatte befohlen, *noch kein Alarmsignal* abzusenden, bevor die Untersuchung des Schiffsraumes beendet wäre.

«Haben Sie Befehle für mich?» fragte ich meinen Chef.

«Nein, ich werde mit Ihrem Kollegen hier bleiben. Entfernen Sie sich nicht zu weit, und empfehlen Sie das gleiche den andern – für den Fall, daß ich jemand gebrauchen müßte.»

So ging ich abermals, um Neues auszukundschaften.

Jetzt war schon eine große Anzahl Fahrgäste auf Deck gestiegen. Andere liefen mehr oder weniger bekleidet in den Gängen umher, um an die Tür ihrer Freunde zu klopfen und sie zu wecken.

Eine große Unruhe hatte sich verbreitet. Frauen weinten, und höchst aufgeregte Männer in Hemdsärmeln kletterten auf allen Vieren die Treppen hinauf und bildeten Gruppen, die sich mit den tollsten Nachrichten aufregten. Als ich durch einen Gang der Zweiten Klasse schritt, sah ich einen Mann mit langem Barte, der in seiner Kabine gewissenhaft den Koffer packte, als würden wir gleich anlegen.

Ich hatte mich zu einigen Kabinenjungen gesellt, die sich unten an der Treppe bei der Tür des Unterkommissars aufhielten, als eine Kammerzofe herbeistürzte und sagte, ihr Mann, einer der Schiffszimmerleute, hätte sie soeben benachrichtigt, sich bereit zu halten. Er hätte die Ingenieure bei der

Untersuchung des Schiffsraumes begleitet und einer von ihnen hätte erklärt, keine zwei Stunden mehr könne die Titanic schwimmen.

Die Zimmerleute...? Ich wußte nicht recht wo ihre Werkstatt lag. Ich hatte nur die ganz undeutliche Vorstellung, sie müße sich ganz vorn bei der Metzgerei befinden. Ich machte mich nun auf und wollte versuchen, durch die Zimmerleute, die den Schaden nachgesehen, genaue Auskunft zu erhalten.

Es war halb zwölf Uhr

Schon über eine Stunde, daß wir den Eisberg angerannt!

Es wurde nun schwierig, vorwärts zu kommen. Alles war überfüllt! Anscheinend war Befehl gegeben, alle Passagiere heraufzuholen, und zwar mit den Rettungsgürteln, die sich in jeder Kabine befanden. Ich sah die Kassenbeamten, die unter Führung des Kommissars kleine, schwere Säcke heraufbrachten und an Deck in Reihen aufstellten. Es war Gold und Silbergeld, das man aus dem Geldschrank heraufschaffte, um es zu retten!

Einer der amerikanischen Postbeamten teilte mir mit, daß die große Depeschenschotte unter Wasser stehe und unser Telegraph schon seit einer halben Stunde unaufhörlich *das Notsignal* gebe. Das Entsetzen, das nun allmählich alle ergriff, kam in einer fieberhaften Aufregung zum Ausdruck, doch ohne jede Unordnung. Eine Frau hielt mich an, da sie sich infolge meiner betressten Mütze in meinem Rang täuschte.

«Offizier, ich bin Familienmutter und kann nicht sterben! Es darf nicht sein! Nehmen Sie sich meiner an!» bat sie unter hysterischem Schluchzen.

Ich beruhigte sie, so gut ich es vermochte, und reichte ihr die Hand.

Dann mußte ich zwei alten Damen, die sich im Vorbeigehen an mich klammerten, beim Anlegen der Rettungsgürtel behilflich sein, mit denen sie nicht fertig werden konnten.

Vorn waren die Auswanderer in noch größerem Aufruhr. Auf den ersten Blick schien die Menge undurchdringlich. Sie wären sicher überall hingedrungen und hätten eine unbeschreibliche Panik verursacht, wenn nicht Matrosen unter dem Kommando von zwei energischen Quartiermeistern auf allen Treppen postiert gewesen wären, um diese Italiener, Polen und Levantiner daran zu hindern, die oberen Decks zu stürmen.

Ein ergebener Pfarrer stand an einer Treppenluke, predigte und suchte die Menge zu beruhigen. Allein man hörte kaum auf ihn, und die meisten verstanden ihn übrigens auch nicht. Nur mit Mühe vermochte ich mir einen Weg zu bahnen. Hundert

Hände hielten mich zurück, und angsterfüllte Gesichter fragten mich auf englisch: «Offizier! Offizier! Gehen wir unter? Ist es wirklich wahr, daß wir untergehen...?»

«Ihr seid verrückt!» schrie ich ihnen zwanzigmal zu.

«*Die* TITANIC *kann nicht sinken!*»

Hatten wir es nicht unter uns im Maschinenraum von Beginn der Reise an unaufhörlich wiederholt, war es nicht in aller Munde, das stolze vermessene Wort: «Ein Schiff wie die TITANIC kann ja gar nicht sinken!»

Bei den Zimmerleuten traf ich niemand. Sie mußten wohl irgendwo anders beschäftigt sein. Vielleicht waren sie im Schiffsraum bemüht, das Leck zu stopfen. Die vier Hobelbänke standen da. Auf der einen lagen Hobelspäne und ein Brett, das noch nicht ferig gehobelt war. An der Wand hing ein Käfig. Bei näherem Zusehen entdeckte ich kleine Vögel darin, Kanarien und Blutfinken, die auf ihren Stäben hockten und sich in dem zu dieser Stunde ungewohnten Licht merklich unbehaglich fühlten.

Die Uhr der Werkstatt zeigte auf 10 Minuten vor zwölf.

Jetzt bin ich direkt an der Spitze des Schiffes.

Wahrhaftig, von hier aus ist die Neigung schon sehr zu merken – um mindestens vier Meter ist das Vorderschiff seit dem Zusammenstoß gesunken!

Ich klettere an Deck, und auf einem der mächtigen Anker stehend, beuge ich mich hinab. Es ist kein Irrtum – das Wasser steht schon über den Guckfenstern. Lange werden wir es nicht mehr machen...

Wenn ich von meinem Platz aus nach hinten zum Heck schaue, sehe ich das Schiff in voller Länge. Es ist noch ungeheurer als gewöhnlich. Ein mächtiges, verworrenes Geräusch, eine Art furchtbares Gewimmel dringt von unten herauf. Nie erschien mir das Meer so unermeßlich und so schwarz. Und doch flimmern alle Sterne...

Ich kehre zum Heck zurück.

Als ich beim Heizerposten anlange, höre ich es *Mitternacht* schlagen. Ich gewahre die braven Leute, die auf Befehl ihres Offiziers einer nach dem andern schweigend in den düstern Schacht hinabsteigen, der zum Kesselraum führt, tief unter dem Spiegel des Meeres, um ihre Kollegen wie gewöhnlich abzulösen. Einen Augenblick später finde ich meinen Chef im Dynamosaal, sowie vier meiner Kollegen. Die Dynamos schnurren noch immer. Hier ist alles wohl. Ich berichte meine Entdeckungen. Die Kameraden erklären, es schon zu wissen. Man munkelt sogar, daß sich der Premierleutnant, der sich im Moment des Zusammenstoßes auf der Kommandobrücke befand, eben erschossen habe. Allein einer der Fahrstuhlführer will ihn gerade noch vor einem Augenblick gesehen haben, wie er am Heck kommandierte. Schon sind also Gerüchte im Umlauf, ohne daß man den Ursprung weiß, ohne daß man ihn je erfahren wird.

Ein erster Heizer steigt über die eiserne Leiter und ruft uns zu, es beginne mehr und mehr Wasser in den Kesselraum einzudringen.

Da der Chef uns nicht braucht, schickt er mich mit zwei andern fort, um bei der *Ausschiffung der Fahrgäste* zu helfen. Wir gingen aufs obere Deck, wo sich sämtliche Rettungsboote befanden. Die Hälfte war schon abgelassen worden. Ich stellte mich dem dritten Leutnant zur Verfügung, der die Einschiffung der Frauen und Kinder in die Rettungsboote leitete.

«Holen Sie zwanzig Frauen der Auswanderer!» befahl er mir. «Es sind noch sechs Boote auf dieser Seite. Auch die Auswanderer haben ein Recht darauf. Doch lassen Sie sich nicht beeinflussen. Wenn die ganze Menge auf einmal herbeistürmt, können wir keinen einzigen retten!»

Ich ging also daran, die Frauen der Dritten Klasse zu holen. Hausmeister und Matrosen hielten die Auswanderer im Schach und hatten alle Mühe, sich nicht wegdrängen zu lassen. Wiederholt mußten sie von ihrer Waffe Gebrauch machen, bestätigten mir später einige Fahrgäste. Gesehen habe ich davon nichts, wohl aber vernahm ich *mehrere Schüsse*. Auf der Kommandobrücke hörte ich wiederholt den Kapitän, wie er Befehle durchs Sprachrohr rief. Allein infolge des Lärms war es unmöglich, sie zu verstehen. Und dann waren auch nicht genügend Offiziere da, um die Ausführung aller Befehle zu überwachen.

Ich hatte also den Auftrag, zwanzig Frauen der Dritten Klasse zu bringen. Es drängten sich jedoch mindestens hundert Frauen und Kinder durch die Lücke, die sich auf mein Verlangen in der Absperrung bildete. Ich versprach den andern, sie gleich zu holen.

In der ersten Reihe befand sich ein alter, gebrechlicher Greis, daß ich Mitleid mit ihm hatte:

«Los Mann, kommt mit!»

«Oh!» antwortete er, «Wegen meiner ist es nicht der Mühe wert. Aber ich flehe Sie an, *retten Sie meine Töchter!*»

Und er schob mir zwei junge Frauen in die Arme. Sie sind gerettet worden und hatten ihren alten Vater zum letzten Male gesehen.

Als ich mit dieser ganzen Schar zurückkomme, bin ich gezwungen, über den Leichnam eines vornehm gekleideten Herrn hinwegzuschreiten, der in der Nähe der Stelle liegt, wo eine der größten

Schaluppen eben abgelassen wurde. Der Offizier hat ihn vermutlich niedergeschossen, da er wohl mit Gewalt in das Boot eindringen wollte.

Es ist keineswegs ein leichtes Stück Arbeit, hysterische Frauen in ein Rettungsboot einzuschiffen, wenigstens nicht unter solchen Umständen. Hingen diese Boote einmal in der Hisse, so schaukelten sie in einer Höhe von fünf Stockwerken über den Wogen. Es konnte einem sehr wohl schwindlig dabei werden, umsomehr, als man vom Deck zum Boot einen Riesenschritt tun mußte. Nach einem flüchtigen Blick in diesen Abgrund von zwanzig Metern Tiefe, über die sie hinwegschreiten sollten, wollten viele nichts mehr von der Rettung wissen und sträubten sich verzweifelt. Wir waren daher oft gezwungen, sie mit Gewalt und auf gut Glück ins Boot zu werfen wie Pakete. Daher gab es auch so viele Verletzte mit Arm- und Beinbrüchen. Hätten wir keine Gewalt angewendet, so bin ich sicher, von den achthundert Überlebenden wären höchstens die Hälfte gerettet worden.

Übrigens hatte sich auch die Nachricht verbreitet, mehrere Schiffe befänden sich ganz in unserer Nähe und eilten auf den Ruf des drahtlosen Telegraphen herbei.

Die Mehrzahl der fünfzehnhundert Fahrgäste, die untergingen, glaubte bis zur letzten, furchtbaren halben Stunde, daß wir alle wohlgeborgen wären an Bord unseres Riesendampfers. Das erklärt auch wohl den Umstand, daß die entsetzliche Panik nicht zum Ausbruch kam, als die Boote abgelassen wurden.

Als um 1 Uhr morgens das letzte Boot abgefahren war, blieb uns nichts mehr zu tun übrig, als das Ende abzuwarten.

Das war sicher nichts Angenehmes. Der ganze Vorderteil der TITANIC stand jetzt unter Wasser. Die Decks waren mit Männern besetzt, die ihre Frauen, mit Vätern, die ihre Kinder hatten abfahren sehen, Leute, die ihre Angehörigen nicht mehr wiederfinden konnten, und Frauen in Nervenkrisen.

Ich sah einige Gruppen, die sich zum Gebet versammelt hatten. Von der Zweiten Klasse her drangen die Töne eines irischen Chorals, der von Männer- und Frauenstimmen gesungen wurde und das Jammern und Seufzen übertönte.

Es muß gesagt werden, daß unter den an Bord gebliebenen Männern und Frauen viele ihre Ruhe bewahrten bis zum letzten Augenblick und sich brav bemühten, den Mut der andern zu stärken. Das Orchester, das während der ganzen Zeit der Ausbootung gespielt hatte, war nun verstummt.

Ich trat in den Salon Erster Klasse und streckte mich in einen großen Sessel, um zu überlegen, was ich zu meiner Rettung tun sollte, wenn irgend etwas möglich war. Auf dem Teppich sah ich einen Rettungsgürtel liegen. Ich legte ihn an und setzte mich nieder.

Da bemerkte ich am andern Ende des Salons einen bartlosen jungen Mann und eine bildhübsche junge Frau – höchstwahrscheinlich ein Hochzeitspaar. Sie saßen an einem Schreibtisch. Er schrieb fieberhaft unter ihrem Diktat. Als sie fertig waren, unterschrieb auch sie den Brief, den sie dann in eine mitgebrachte Flasche steckten.

«Ich würde Ihnen raten, den Kork zu versiegeln, wenn Ihre Flasche lange genug schwimmen soll, um irgendwo zu landen!» rief ich ihnen aus meiner Ecke zu.

«Danke sehr!» antwortete die junge Dame. «Das ist eine gute Idee!»

Und der junge Mann zündete ein Streichholz an, sie nahm eine Stange Siegellack und versiegelte die Flasche sorgfältig. Dann eilten sie auf Deck mit dem Ruf: «Auf Wiedersehen und viel Glück!»

So blieb ich denn allein. Das elektrische Licht flammte noch immer in allen Wand- und Kronleuchtern.

Auf der großen Treppe stieg ich dann zwei, drei Stockwerke hinunter, ohne zu wissen warum oder wohin ich ging, nur von dem instinktiven Wunsch gedrängt, mir das Schiff genau anzusehen, bevor es hin war. Ich dachte, das ganze Innere leer zu finden, doch traf ich noch mehrere Fahrgäste, die auf den Gängen umherliefen. Der eine kam aus seiner Kabine, mit Decken beladen. Ein anderer, ein beleibter Herr mit runden Brillengläsern, sagte zu mir im Vorbeigehen:

«Eben sah ich die Lichter eines ganz nahen Schiffes. Wir sind gerettet. Aber die Ausschiffung wird mindestens zwei Stunden dauern. Inzwischen werde ich mich schön hinlegen, ich bin ganz fertig.»

Das war auch einer von den vielen, dessen gutmütiges Gesicht ich später an Bord der CARPATHIA vergebens suchte. Er hatte eben nur geglaubt, die Lichter jenes Schiffes zu sehen.

Ich gewahrte auch Spitzbuben, die in den Kabinen herumstöberten, um nach vergessenen Juwelen zu suchen. Arme Narren – es war drei Viertelstunden vor dem endgültigen Untergang! Inzwischen wuchs die Gefahr. Mit einem Schlag – als hätte eine der wasserdichten Zwischenwände dem Wasserdruck nachgegeben – senkte sich das Vorderteil des Schiffes mindestens drei Meter. Die Gegenstände stürzten mit lautem Getöse durcheinander, das Porzellan klirrte. Der Boden hatte jetzt eine Neigung von mindestens 45 Grad.

Da bekam ich Furcht

Ich meinte, es wäre schon zu Ende. Und ich hatte mich ganz verirrt in dem Labyrinth dieses dritten Stockwerkes, in einem Teil des Schiffes, den ich nicht im geringsten kannte.

Sterben – das wollte ich doch lieber draußen im Freien, anstatt hier elendiglich zu ertrinken wie eine Ratte in ihrem Loch.

Was mich sofort ein wenig beruhigte, war der Umstand, daß die elektrischen Maschinen noch immer liefen. Trotzdem aber eilte ich in größter Hast fort und kletterte auf Händen und Füssen die erste Treppe hinauf, die ich erreichte.

Ich kehrte zur elektrischen Zentrale zurück, um zu sehen, was meine Kameraden nun im letzten Augenblick tun würden.

Sobald der Chef mich erblickte, befahl er mir:

«Gehen Sie in meinem Auftrag zur Maschine hinab und fragen Sie den Offizier vom Dienst, ob er meine, daß unsere Dynamos noch eine Zeitlang Dampf haben. Sonst werde ich das Licht ausschalten und die letzten Kilo Druck dem Dynamo des drahtlosen Telegraphen zuführen.»

Als ich unten anlangte, war der ganze Boden des Maschinenraumes schon mit fettigem Wasser überschwemmt, das in kleinen Wellen an die Kurbelstangen und Pfeiler klatschte.

Die Heizer und die Schmierer hatten Befehl bekommen, sich an Deck zu begeben. Im Vorbeigehen drückten die Offiziere ihnen und mir die Hand und sagten:

«*Dank Euch, Jungens!*

Ihr habt getan, was Ihr konntet! Jetzt denkt an Euch selbst und rettet Euch, wann es noch möglich ist!»

Der zweite Maschinenführer, Hesketh, gab mir Befehl, sämtliche Dynamos laufen zu lassen, so lange sie nur gehen wollten.

«Fünfzehn bis zwanzig Minuten wird es noch dauern, bis das Wasser zu den Kesseln steigt. Lassen Sie den armen Leuten das Licht so lange wie möglich.»

Als ich diese Anordnung dem Chef der elektrischen Lichtanlage überbrachte, meinte er:

«Gut, wir können sie also allein laufen lassen. Wir wollen aber noch einen Bissen essen.»

So gingen wir denn unserer vier oder fünf zu den Küchen. Die Köche standen vor der Tür. Sie hatten ihre weißen Mützen mit warmen Mützen vertauscht und Mäntel angezogen, um so die Ereignisse abzuwarten.

«Nun, ihr Küchendragoner, kann man noch ein Stück Brot haben?»

«Natürlich», antwortete der Ober, ein gutmütiger, beleibter Mann, «solange wir noch nicht ganz bei den Haien sind...»

Und er gab uns zu essen.
Zwei oder drei Köche bekamen auch Hunger und assen mit uns.

Von oben, vom Deck aus, drang das Gewühl des wachsenden Entsetzens zu uns herab, hin und wieder übertönt von gellenden Schreien.

Vor der Tür der Küche, in der wir uns befanden, stand eine Gruppe Männer und Frauen, sich fassungslos umschlungen haltend, und schluchzten und nahmen Abschied.

Wie vom Wahnsinn gepackt, wiederholte eine Frau:

«Wie mich friert, wie mich friert! Oh, wie mich friert.»

Doch sobald einer der Köche sie zu dem großen Herde führen wollte, in dem das Feuer noch immer unter den blanken Kupfertöpfen flammte, fing das Weib an zu schreien wie ein Tier, das man erwürgt.

Die Mahlzeit war bald beendet. Als wir die Küche verließen, trafen wir den Schiffsarzt, der uns sehr gefaßt mitteilte, daß der drahtlose Apparat nicht mehr ginge und wir sicher verloren wären, da das naheste Schiff mindestens zwei Stunden brauche, um die Stätte zu erreichen, wo wir uns befanden. Als einer der Köche dies hörte rief er aus:

«Wenn es so ist, bleibe ich nicht länger! Ich habe von diesem Vergnügen genug.»

Und sich wie ein Turner über das Geländer schwingend, sprang er ohne das geringste Zaudern ins Wasser.

Jetzt stand das Schiff fürchterlich schief

Es war ganz unmöglich geworden, an Deck entlang zu gehen, ohne sich an die Verschanzung anzuklammern.

Ich sah auf meine Uhr – fast 2 Uhr morgens. Die Luft war furchtbar eisig geworden. Ich steckte mir eine Zigarette an und dachte im Stillen: «Das ist wahrscheinlich die letzte. Ich rauche sie noch und springe dann auch über Bord.» Ich war mir nämlich vollkommen klar, daß beim Untergehen des Schiffes alle noch darauf befindlichen Leute vom Wirbel ergriffen und nicht mehr hochkommen würden.

Allein, ich beharrte schließlich doch bei meiner ursprünglichen Absicht, den Dampfer erst in letzter Minute zu verlassen.

Aber wenn nun wirklich Schiffe unterwegs waren und uns zu Hilfe eilten, so durfte man doch vor allen Dingen nicht erfrieren, bevor sie anlangten.

Ein Fahrgast sah, wie ich mir die Zigarette anzündete und bat mich, ihm eine abzulassen.

«Gern, so viele Sie wollen», erwiderte ich und hielt ihm die Schachtel hin.

«Ich dürfte wohl keine Zeit mehr finden, mehr als eine zu rauchen!» antwortete er und versuchte sogar ein Lächeln. Er machte mich darauf aufmerksam, daß vorn die Kommandobrücke schon in die Flut tauche. Man spürte jetzt sehr deutlich, wie das Schiff allmählich sank.

Der Lärm der Fahrgäste wurde fürchterlich. Einige fluchten wie Besessene. Eine Frau hörte ich rufen: «Herr, der Du allmächtig bist, erbarme Dich, rette mich!»

Das aus dem Wasser emporragende Heck stieg vor uns an wie ein steiler Berg. Überall hielten sich weinende Gruppen angeklammert, und man konnte sie selbst dann noch deutlich unterscheiden, als das Licht erloschen war. Soweit die ein wenig verworrenen Erinnerungen der letzten Augenblicke an Bord es mir zu behaupten gestatten, ragte die TITANIC mindestens noch zwanzig Minuten aus dem Wasser, nachdem das elektrische Licht ausgesetzt hatte.

Plötzlich sagte jener Herr, dem ich die Zigarette gegeben hatte: «Nein, ich kann dieses Schreien nicht länger aushalten. Lieber will ich ein Ende machen!»

Und noch bevor ich eine Bewegung tun konnte, hatte er den Lauf eines Revolvers in den Mund gesteckt und sich eine Kugel durch den Kopf gejagt. Er brach zu meinen Füßen zusammen und rollte dann drei Meter den Abhang hinab, wo er irgendwo hängen blieb und grausig röchelte. Trotz aller Anstrengungen, die ich machte, um in dieser furchtbaren Lage Herr meiner Gedanken zu bleiben, muß ich doch gestehen, daß ich anfing, den Kopf zu verlieren. Das Grauen ringsum auf diesem langsam in den Abgrund sinkenden Schiffe, an das sich fünfzehnhundert jammernde und schreiende Menschen anklammerten, wollte mich doch um den Verstand bringen.

Ich erlebte einen Augenblick entsetzlicher Verzweiflungsausbrüche, und als ich mich endlich über das Geländer schwang und ins Meer sprang, weiß ich wirklich nicht mehr, ob ich mich retten oder diesem Grauen ein Ende machen wollte.

Die erste Berührung mit dem Wasser

Die erste Berührung mit dem Wasser war so grausam eisig, daß ich ganz erstarrte. Ich war sofort überzeugt, daß jedes Kämpfen vergebens sein würde, und einige Minuten in dieser Kälte genügten, um alles zu beenden. Einige Meter vor mir sah ich noch viele andere Köpfe von Schwimmenden, die sich gleichfalls von der TITANIC entfernten.

Als ich die Langsamsten dieser Gruppe überholte, fragte mich einer, nach Luft schnappend:

«Wohin kommen wir hier? Sehen Sie ... ein Boot ... da vorn?»

Ich hatte gar nicht mehr um mich gesehen, sondern schwamm wie ein wildes Tier, ohne an irgendetwas zu denken. Doch über die Schwimmer vor uns hinweg gewahrte ich die undeutlichen Umrisse eines Rettungsbootes, in das einige Männer hineinkletterten. Ich glaube, sie drangen mit Gewalt hinein, denn ich vernahm Protestrufe, und das Boot entfernte sich sofort mit mächtigen Ruderschlägen.

Übrigens verhielten sich die meisten Fahrzeuge so und entfernten sich von den zahllosen im Wasser ringenden Menschen, da sie fürchteten, gestürmt zu werden oder zu sinken. Es ist sogar wahrscheinlich, daß die Insassen verschiedener, schon überladener Boote es für recht ansahen, sich der hartnäckigen Schwimmer mit Ruderschlägen auf den Kopf zu erwehren.

Der Mensch, der da neben mir schwamm und mich angeredet hatte, erkannte plötzlich, daß sein gesichtetes Boot sich entfernte.

«Aber sie fahren ja weg, die Schurken!»

Und er fing an zu schreien, und eine Flut von Schimpfworten entströmte seinem Munde.

Die TITANIC lag jetzt hundert Meter hinter uns, und Schreie, Explosionen und das Zischen des Dampfes drangen herüber – *eine schauerliche Musik.*

Andere Schwimmer gesellten sich zu uns, und einer klammerte sich an den Menschen, der da nach dem Boot schrie: «Helft mir, helft mir!» flehte er.

Allein wütend unf fluchend machte der andere sich los. Der arme Kerl, der da um Hilfe flehte, schien keinen Rettungsgürtel zu haben, denn ich sah ihn jäh untersinken.

Ein anderer, der seit einigen Augenblicken rechts neben mir planschte, begann heftig zu nießen und auszuspucken, als wenn das Meerwasser ihn erwürge, und ich sah ihn gleichfalls verschwinden.

Nach der großen Zahl derer zu urteilen, die ich während der zehn oder zwanzig Minuten in der Flut verschwinden sah, als ich etwa hundert Meter von dem sinkenden Schiff entfernt herumschwamm, muß ich annehmen, daß viele Personen im letzten Augenblick ins Wasser sprangen, ohne einen Rettungsgürtel gefunden zu haben.

Dieser ganze Teil unseres bösen Abenteuers lebt in meinem Gedächtnis wie ein sich schon verwischender Traum. Bei dem Gedanken daran sehe ich das Bild des gigantischen Dampfers vor mir, dessen Heck sich immer höher zu den Sternen emporrichtete und dessen Kiel jetzt völlig aus dem Wasser ragte. In meiner Erinnerung haften noch die Rufe von einem Rettungsboot zum andern, das Gewimmel von Köpfen auf den Wellen und das wilde

Schreien vom Schiff her. Ich entsinne mich auch, zwei- oder dreimal Revolverschüsse auf dem Schiff vernommen zu haben. Einmal war es sogar ein wahres Knattern, als wenn die Unglückseligen da oben, die nicht wagten, über Bord zu springen, oder das Vergebliche dieses Versuches einsahen, sich gegenseitig in Maße erlösten.

Ich weiß nicht, was für ein Drang oder welch eine Strömung mich dem sinkenden Schiff näher brachte, von dem ich mich doch anfangs entfernt hatte. Ich war bis auf vierzig oder fünfzig Meter herangekommen, als ein großer Gegenstand ins Wasser gestürzt wurde. Es war das zusammenlegbare, blecherne Rettungsboot aus der Kabine des «Drahtlosen». Man hatte es eben entdeckt und warf es ins Wasser. Allein der Wurf war nicht geglückt – der Kiel schwamm oben, und so trieb es die ganze Nacht. Dreiundzwanzig von uns aber verdanken ihm ihre Rettung.

Etwa hundert Personen stürzten diesem Fahrzeug gleich nach, und als ich es erreichte und mich daran klammern konnte, war diese armselige umgestülpte Nußschale nicht nur bis zum Sinken beladen, sondern Dutzende anderer suchten in ihrer Verzweiflung, unter Flehen und Fluchen, sich daran anzuklammern.

In dem Gewimmel bekam ich, wie so viele andere, Fußtritte auf Brust und Hände. Allein, ich ließ nicht nach, und trotz des Protestes und selbst den Fußtritten von einigen der Wildesten, konnte ich mich endlich zum Teil aus dem Wasser schwingen, denn ich lag auf dem Bauche, die vor Kälte erstarrten Finger an den Kiel angeklammert und die Beine bis zu den Knien in der Flut hängend. Als sich nachher drei oder vier tot oder sterbend ins Wasser gleiten ließen, gab es Platz, wir konnten es uns ein wenig angenehmer machen. An dieses Fahrzeug klammerten sich an: der zweite Hausmeister, einer der Telegraphisten, zwei Postbeamte, die jedoch in den folgenden Stunden einer nach dem andern verschwanden. Ferner der Chef der Gefrieranlage Newburg, der dritte Leutnant Lightholler und ein junger Mitreisender von siebzehn Jahren namens Thayer, dessen Bekanntschaft ich zwei Tage vor dem Schiffbruch gemacht hatte, als er die elektrische Lichtanlage besichtigte.

Dieser junge Mensch, der Sohn eines amerikanischen Millionärs, wie ich später erfuhr, war mein Nachbar zur Rechten, und ich mußte ihn mehrmals festhalten, wenn er bei den unregelmäßigen Bewegungen unseres Wracks hinabgleiten wollte. Trotz der Dunkelheit erkannte er mich und klagte mir weinend, daß er Vater und Mutter in dem Gewühl an Bord verloren hatte, ohne sie wieder zu finden. Er wußte nicht, ob sie in einem der Rettungsboote Aufnahme gefunden oder auf der TITANIC geblieben waren. Später sah ich dann, wie er an Bord der CARPATHIA seine Mutter wiederfand. Der Vater aber war umgekommen.

Alle, die sich an dieses Floß anklammerten, begannen auf Befehle des Offiziers Lightholler kräftig mit den Beinen zu rudern, um uns so weit wie möglich von dem sinkenden Schiffe zu entfernen, dessen saugender Strudel zu fürchten war in dem Augenblick, da es versank.

Immer mehr hallte die Luft wider vom Tumult. Doch alles wurde jäh übertönt von einem *riesigen Krachen im Schiffe* selbst – furchtbar wie das Toben eines Vulkans. Es war, als ob kolossale Massen sich im Innern bewegten, als ob alle Balken zugleich krachten. Das Geräusch dauerte einige Stunden und wurde immer unheimlicher. Auch einer der Schornsteine löste sich, rollte über das Deck und stürzte über Bord, Menschen und Gegenstände auf seinem Weg zermalmend. Dann sahen wir, wie der Rest der TITANIC langsam eintauchte, unablässig und ohne Stoß, als drücke man ein riesiges Messer in eine weiche Masse. Das währte eine lange Minute. Und kleine schwarze Pünktchen – menschliche Wesen! – stürzten sich während dieser ganzen Zeit ins Meer.

Dieses Krachen wurde auch von uns besprochen. Einer meinte: «Das sind die Maschinen! Sie reißen sich los, stürzen nach vorn und demolieren alles.»

Nachher sprachen einige von Kesselexplosionen. Andere wollten gesehen haben, wie der ganze hintere Teil, der aus dem Wasser ragte, infolge des eigenen Gewichts in sich zusammenbrach. Ich persönlich habe weder von Explosionen noch von diesem Zusammenbrechen etwas vernommen. Alles ging viel zu schnell vor sich, als daß wir Augen und Gedanken überall zugleich hätten haben können.

Das größte Grauen

Das größte Grauen aber harrte unser erst in diesem Augenblick. Ich sagte schon, welch ein Verzweiflungsschreien die Nacht erfüllte. Das aber war noch gar nichts im Vergleich zu dem, was wir in den Minuten nach dem endgültigen Verschwinden des Schiffes hören mußten.

Es war das gleichzeitige Rufen und Hilfeschreien von fünfzehnhundert Menschen in Todesnot!

Denn so viele waren auf dem Schiff geblieben. Ich weiß nicht, was der Todeskampf einer großen Anzahl Verwundeter bedeuten mag, die man nachts auf dem Schlachtfeld zurückgelassen. Er muß wohl ein ähnliches Grauen auslösen ... Frosterstarrt, verstört, durchnäßt, das Herz von Schmerz gefoltert, mußten wir es ohnmächtig anhören, ohne uns zu bewegen, ohne uns auch nur die Ohren verstopfen zu können, denn wir hielten uns, auf dem Bauche liegend, an unserer Bootsmuschel fest.

Und wie lange sie schrien! Fast alle trugen Rettungsgürtel, und der Tod kam nur so langsam...

Allmählich aber wurde es ruhiger. Der Chor der Verzweifelten verstummte in der Nacht. Nur von fern kam hin und wieder ein Notschrei, der unheimlich aus den Wogen widerhallte.

Schließlich blieb alles stumm.

Sie hatten alle ausgelitten.

Hier muß ich einfügen, von welch bewundernswerter Entschloßenheit und von welch gewandtem Heldenmut einer unserer jüngsten Offiziere Beweise gab. Es war der fünfte Leutnant, Löwe. Der Kapitän hatte ihm die Leitung eines der größten Rettungsboote anvertraut, das ausschließlich mit Frauen und Kindern besetzt war, mit Ausnahme zweier Matrosen, die mit Löwe das Fahrzeug führen sollten. Einen Augenblick vor dem Untergang der TITANIC fuhr dieses Boot infolge einer zufälligen, ziellosen Bewegung ganz nahe an uns vorüber. Wir riefen es an und baten, es möchte herankommen und einige von uns aufnehmen.

«Unmöglich! Wir sind schon zum Sinken überladen. Geduldet euch! Es sind noch so viele andere am Ertrinken!»

Einige Augenblicke später näherten sich zwei andere Rettungsfahrzeuge, von denen eines kaum halbvoll war. Der Offizier Löwe befahl diesem letzteren, sich neben sein Boot zu legen und einige seiner Leute aufzunehmen. Doch eine Flut von Stimmen antwortete diesem Befehl: «Nein, nein! Nicht hinfahren! Wir sind schon genug! Jeder soll für sich bleiben!»

Allein der Offizier Löwe stellte sich aufrecht und rief ihnen zu:

«Ich habe zwei Revolver! Hierher, oder ich schieße in den Haufen!»

Die andere der beiden Barken mußte wohl gleichfalls Furcht bekommen haben, gerade wie die angerufene, denn auch sie gehorchte dem Befehle.

«Werft die vorderen Stricke herüber! Sie werden aneinander gebunden, damit wir zusammenbleiben. Es ist nicht nötig, daß wir uns in alle vier Winde zerstreuen!»

Während dieses Manöver ausgeführt wurde, entfernten sich die Barken von uns.

Später aber erfuhr ich, daß in jenen tragischen Minuten, wo die meisten der glücklich in den Booten Geretteten nur den einen Gedanken hatten, die Menge der im Wasser Ringenden zu fliehen, der junge Offizier Löwe nicht zögerte, seine Barke mit der nur halb besetzten zu vertauschen, um noch mehr Unglückliche zu retten, die um Hilfe riefen. So konnte er noch 18 Personen aufnehmen.

Bis zu uns war niemand geschwommen, und es blieb uns erspart, einen Menschen wieder ins Wasser zu werfen. Es waren Gewissensbisse, von denen gute und brave Menschen nachher an Bord der CARPATHIA gequält wurden – sie konnten an nichts anderes mehr denken und hörten nicht auf, uns zu erklären: «Wir konnten ja nicht, wir wären ja auch alle bestimmt ertrunken!»

Als jedes Geräusch verstummt war, fing ein dicker Kohlenarbeiter, der rittlings auf dem Kiel unseres Fahrzeuges saß, mit ernster Stimme an zu beten. Einige andere beteten mit.

Dann schwammen wir dahin, ohne einen Laut zu reden. Obgleich das Meer still war, kam doch hin und wieder eine Welle und durchnässte uns von neuem. Da meinte einer von uns: «Wir müßten versuchen, dieses Ding umzukehren. Wir können doch nicht so daran hängen bleiben. Fünf oder sechs haben wir ja schon verloren.»

In der Tat, auch meine Finger schmerzten dermaßen vor Kälte und Mattigkeit, daß ich immer glaubte, ich könnte es keine Minute länger mehr aushalten. Die im Wasser hängenden Beine taten mir gleichfalls furchtbar weh. Gegen den Vorschlag wurde jedoch protestiert. Fast einstimmig wurde das Manöver für unmöglich oder für gefährlich gehalten.

Wir bebten alle vor Frost. Die Brise schien uns

direkt auf die Haut zu treffen und uns durch die nassen Kleider zu schneiden.

Die Zeit verstrich qualvoll und langsam...

Wir waren zu weit von den anderen Überlebenden abgekommen, um sie sehen oder hören zu können. Aber da zwei oder drei Rettungsboote kleine Laternen an Bord hatten, täuschte uns dies mehrere Male vor, daß die von dem Funker herbeigerufenen Dampfer endlich anlangten. Dann verschwanden die Lichter, und wir versanken in einen *Zustand dumpfer Erwartung.*

In langen Zwischenräumen unterschieden wir grüne Lichter ... in weiter, weiter Ferne. Es waren kleine bengalische Feuer, Signale, um die Boote so nahe wie möglich zusammenzuhalten. Wir hatten natürlich kein Mittel, uns an diesen Signalen zu beteiligen, und als kein Lichtschimmer mehr wahrzunehmen war, diskutierten wir unsere Aussichten gefaßt und ohne Leidenschaft, denn wir waren aus dem Bereich abgetrieben worden, den die Schiffe absuchen würden.

Gegen dreieinhalb Uhr morgens begann der Telegraphist zu stöhnen, wie es jene getan, die sich erschöpft losließen, um nicht wieder aufzutauchen.

«Was jammern Sie denn?» fragte einer.

«Ich friere ... ich bin krank ... oh!»

Er war ein braver Mensch und hatte seinen Apparat erst in letzter Minute verlassen. Wir wußten alle, daß wir es ihm zum Teil verdankten, wenn wir doch schließlich mit dem Leben davonkamen. Jeder munterte ihn auf. Auf mein Geheiß hob man ihn auf den Kiel, und der dicke Kohlentrimmer nahm ihn in seine Arme.

«Mut, nur Mut! In einer Stunde oder zwei sind wir im warmen Bett an Bord der Olympic.»

Wir sprachen nämlich nur noch von der Olympic. Wir alle wußten, die Olympic mußte zuerst anlangen.

Aber der Telegraphist jammerte immer nur:

«Ich bin krank ... krank!»

Obwohl wir alle für ihn taten, was wir konnten – und das war allerdings nicht viel – begann der arme Kerl doch bald, unaufhörlich zu seufzen und antwortete nicht mehr auf unsere Aufmunterungen.

Der große Kohlentrimmer, der noch immer rittlings auf dem Kiel saß, hielt ihn an die Brust gedrückt und sprach mit ihm wie mit einem Kinde. Am andern Ende des Kahnes fragte eine Stimme: «Hat jemand eine Flasche Whisky?» Er müßte einen Schluck trinken.

Niemand besaß einen Tropfen Whisky. Den Kopf herüberhängend, schien der Telegraphist das Bewußtsein verloren zu haben. Sein Seufzen wurde immer schwächer. Und kurz darauf meinte der Arbeiter: «Ich glaube, er ist tot.»

Es wurde höchste Zeit, daß irgendein Ereignis

uns neuen Mut einflöste. Alle durchbohrten die Nacht mit ihren Augen, um die Lichter wiederzufinden. Doch wir sahen sie nicht mehr.

Eine ganze Weile hatte nichts das Schweigen unterbrochen, als einer mich aus dem Hinbrüten aufschreckte mit den Worten: «*Nun wird es Tag!*»

In der Tat, in der Höhe des Wasserspiegels begann ein fahler Schimmer, den Horizont zu erhellen. Damit kündete der Tag sich erst an, denn ich versuchte vergeblich, die Gesichter um mich herum zu erkennen. Dennoch munterte uns die Morgendämmerung ein wenig auf.

Als es heller wurde, gewahrten wir einen großen Gegenstand, der sich im Rhythmus der Wogen nicht weit von uns entfernt schaukelte. Auf unser Rufen antwortete eine Stimme – es war die eines Metzgers von der Gefrieranlage.

Auf dem Bauche liegend, schwamm er auf einem Kabinenschrank, den er mit Hilfe eines Kameraden abgeschraubt und im letzten Augenblick hatte ins Wasser werfen können. Der andere hatte nicht bis zum Ende ausgehalten.

Da ich fühlte, daß ich nicht mehr länger so hängen bleiben konnte, ließ ich mich ins Wasser fallen und schwamm zu dem Schrank.

Diesmal kam mir das Wasser weniger kalt vor als die Luft, die uns schneidend durch die nassen Kleider fuhr. Auf jeden Fall machte die Bewegung mir die Glieder leichter. Als ich den Metzger erreichte, sah ich sofort, daß für mich kein Platz mehr war. Sein Gewicht drückte den Schrank so tief, daß die geringste Welle über ihn hinwegging.

Ich schwamm nun, indem ich den Schrank vor mir hertrieb. In wenigen Minuten hatte ich das Boot wieder erreicht, wo man mir auf meinen alten Platz half. Indem er dann mit den Händen und ab und zu auch mit den Füßen ruderte, hielt der Metzger sich in unserer Gesellschaft.

Jetzt war es völlig Tag. Die Sonne war noch nicht aufgegangen, doch schon glühte der ganze Osten.

So weit man sehen konnte, war *das Meer mit Eisbergen besät*. Es waren über hundert, kleine und große. Im Schimmer der Morgenröte war es ein grandioses Schauspiel.

Zwanzig Meter von uns entfernt tanzte eine Gruppe von sieben oder acht Leichen auf den Wellen, darunter zwei Frauen, alle von Rettungsgürteln gehalten. Mindestens eine Stunde lang trieben sie schon in unserer Nähe. Dann entfernten sie sich ... immer noch zusammen ... immer noch tanzend...

Wenn eine Welle uns hoch genug emporwarf, sahen wir im Osten ganze Leichenfelder! Wie jene in unserer Nähe, hielten alle Kopf und Schultern senkrecht aus dem Wasser. Sie waren zu dichten Gruppen vereint, die mit dem Wellengange rollten.

Die Rettung

Plötzlich tauchte ein Schiff hinter einem mächtigen Eisberg auf. Obwohl es mindestens drei Kilometer von uns entfernt war, sahen wir es doch recht deutlich. An der Farbe der Schornsteine konnten wir sofort erkennen, daß es nicht die erwartete OLYMPIC, sondern ein Dampfer der Cunardline war. Fast im gleichen Augenblick entdeckten wir auch zwei Boote unseres Dampfers. Von den Eisbergen verborgen, kamen die übrigen Rettungsboote erst ein wenig später zum Vorschein.

Einer besaß seine Signalpfeife noch und bediente sich ihrer mit der ganzen Kraft seiner Lungen. Wir hofften, die Boote würden kommen und uns retten. Allein, sie achteten gar nicht auf uns. Eines nach dem andern sahen wir sie zur CARPATHIA eilen, die dort in der Ferne hielt und dichte Rauchwolken auswarf. Bald erkannten wir, daß man die Überlebenden der TITANIC an Bord nahm. Um uns schien man sich nicht im geringsten zu kümmern. Da überkam uns die Wut.

«Sie bringen es fertig und fahren wieder ab, ohne uns zu sehen!» meinte einer.

Obgleich es Unsinn war, beherrschte uns diese Unruhe doch bald dermaßen, daß wir leidenschaftliche Reden darüber führten – die Augen unaufhörlich auf den Rettungsdampfer gerichtet.

So verging eine Stunde.

Mit Eifersucht dachten wir an jene, die schon gerettet an Bord waren, und jene, die man noch immer an Deck zog. In dem Eifer, ein schönes menschliches Werk zu verrichten, halfen die unermüdlichen Retter der CARPATHIA natürlich zuerst den Schiffbrüchigen, die ihnen am nächsten waren. Das war so vernünftig wie nur etwas, und doch erschien uns in jenem Augenblick nichts ungerechter. Wir verfluchten sie, diese Braven! Welch ein Verbrechen hätten wir in unserer wilden Wut nicht begangen, um uns zu rächen!

Ach, der Kampf ums Leben!...

Da endlich werden Boote von der CARPATHIA herabgelassen. Geschieht es für uns?

Ja, sie wollen uns holen! Zwei der Fahrzeuge, die sich jetzt deutlich von den andern abheben und von denen jedes mit etwa zwölf Matrosen bemannt ist, kommen auf uns zu.

«Ah», grinste der Kohlenarbeiter, «diese Hunde haben doch endlich begriffen, daß wir nicht eine Bande von Witzbolden sind, die bloß so früh aufgestanden sind, um hier zu angeln...»

Als die Leute uns endlich erreichen, sind sie ganz verblüfft, von einer Flut dummer Reden empfangen zu werden. Wir, die wir es doch so eilig hatten, an Bord des Schiffes zu kommen, verlieren jetzt die kostbare Zeit und überschütten unsere Retter mit

Schimpfworten. Zum Glück waren wir zu schwach, um uns zu schlagen, sonst hätten wir uns an diesen Männern noch vergriffen, denen wir das Leben verdankten.

Ohne besondere Mühe werden wir in die Barke gezogen. Da passiert ein Zwischenfall, auf den man im Augenblick kaum achtet, der jedoch fatale Folgen haben sollte; einer hatte sich aufrecht auf das Blechboot gestellt, um in die Rettungsbarke zu springen, da stürzte er so unglücklich, daß er sich den Schädel auf der Kante des Fahrzeugs spaltete. Alle glaubten nur an eine leichte Verletzung. Allein, der arme Bursche, ein Fahrgast der Dritten Klasse, starb noch am gleichen Tage im Krankensaale der CARPATHIA, ohne das Bewußtsein wiedererlangt zu haben. Einen so wilden Kampf durchmachen und im Augenblick der Rettung an einem derartigen dummen Unfall sterben – welch ein unheimliches Schicksal!

Um sich zu erwärmen, boxte der dicke Kohlentrimmer auf den Rücken eines der Ruderer, der sich gern dazu hergab. Zu dem gleichen Zweck hatte unser Leutnant den Platz eines andern Matrosen eingenommen und handhabte kräftig das Ruder. Der Metzger, den ich von seinem Schrank geholt, rief mich fortwährend aus dem anderen Boot an und schrie mir seine frohe Laune zu mit einem dummen Lachen. «Ich hatte ja die Beefsteaks noch nicht alle fertig geschnitten! Aber, altes Haus, es glückt uns nochmal! Wie glücklich werden wir sein! Hahaha! Verdammter Schrank! Verdammte Titanic!»

Endlich langen wir an. O Unglück, wir müssen noch warten. Der riesige Rettungsdampfer, an dem entlang wir uns aufgereiht haben wie am Fuße einer unzugänglichen Küste, besitzt keine Landungstreppen, denn wie alle Überseedampfer legt er gewöhnlich am Hafendamm an und bedient sich der Landungsbrücken, um die Passagiere auszuschiffen. Jetzt klettert man daher hinauf mit allen möglichen zufälligen Mitteln, die kaum schnell zum Ziele führen. Da andere Boote vor unserem ankommen, müssen wir so lange warten, bis wir an der Reihe sind. Das Schiff ist weniger hoch als die Titanic, doch ist es immerhin ein Aufstieg von mehr als zwölf Metern, den wir zu machen haben. Die Frauen können nicht daran denken, diese Übung an den Strickleitern mitzumachen. Es wird ihnen eine Art Gurt unter die Achsel gelegt, worauf man sie eine nach der andern hinaufzieht. Aus Scham weigern sich einige hartnäckig, sich wegen der Männer in den Booten hochziehen zu lassen, so daß man schließlich ihren ganzen Unterkörper in einen großen Sack stecken mußte. Einfacher wäre es gewesen, ihnen die Röcke über den Knöcheln zusammenzubinden, doch in der Aufregung kam niemand auf diesen Gedanken.

Ich war von brennendem Durst gequält und spürte weder Kälte noch Ermüdung, noch Schmerzen am Schienbein und an den Knien, wo ich mir die Haut aufgerieben hatte. Ich war einfach durstig. Und ich hob den Kopf und schrie allen denen zu, die sich eben herabbeugten, allen, die uns photographierten:

«Wasser! Schickt doch Wasser anstatt...»

Da fallen einige Apfelsinen herab und platzen auf den Boden des Kahnes. Gierig stürzen wir uns darauf und schlagen uns, um sie zu erhaschen und wie wilde Tiere zu verschlingen.

Eben langt wieder ein Rettungsboot an. Es bringt höchstens zwanzig Fahrgäste Erster Klasse, wie es scheint. Es hätte aber sechzig fassen können!

Alle liegen ganz bequem. Die Damen haben ihre Muffs, ihre Handtaschen. Wahrhaftig, es sieht aus, als kämen sie von einem Ausflug auf einem Schweizersee zurück!

Noch ein anderes Boot kommt zurück. Leutnant Löwe, der es kommandiert, war sieben bis acht Kilometer von der CARPATHIA entfernt, als er ihren Rauchschweif in der Ferne bemerkte. Er kam nun auf die sinnreiche Idee, aus den zusammengebundenen Rudern einen Mast und aus Decken ein Segel herzustellen. Da er eine gute Brise hatte, gelangte er schnell zur CARPATHIA. Er machte sogar einen Umweg, um sieben Männer und eine Frau aufzufischen, die sich, wie wir, die ganze Nacht an ein umgestülptes Boot geklammert hatten. Jene Frau war Miß Lorimer, ein Tippfräulein der TITANIC. Am Morgen des Schiffbruches hatte sie ihren zwanzigsten Geburtstag gefeiert.

Endlich rollte eine Strickleiter bis zu uns herab. Ich ergreife sie und will hinaufklettern, doch ich falle wieder zurück. Meine halbverfrorenen Füße sind steif. Ich muß also die andern vorlassen. Während man mich wie ein Frauenzimmer am Gürtel hinaufzieht, sehe ich einige Kilometer südlich andere Boote der TITANIC, die sich uns nähern. Einige der Rettungsfahrzeuge hatten sich weit entfernt. Die Sirene der CARPATHIA stößt lange Rufe aus, sie zu rufen. Aber wenn man bedenkt, daß die Aufnahme der Überlebenden schon um fünf Uhr morgens begann und erst um neun Uhr beendet wurde, so hat man eine Idee, wie langsam die letzten kamen.

Um neun Uhr schlief ich längst, als sollte ich nie wieder erwachen. Noch hatte ich das Deck nicht berührt, als zwei dienstbereite Fahrgäste mich in eine Kabine trugen, mich entkleideten, energisch abrieben, mir zu trinken und geschlagene Eier zu essen gaben und mich ins Bett brachten. Fast vierundzwanzig Stunden schlief ich, ohne aufzuwachen. Als ich dann wieder munter geworden war, verspürte ich einen Bärenhunger.

Achthundert Schiffbrüchige hatten auf der CARPATHIA herzliche Aufnahme gefunden. In den Salons, in den Rauchzimmern und Korridoren hatte man Matratzen, Wäschebündel und aufgerollte Teppiche benutzt, um Betten herzustellen. Es sah aus wie ein Hospital, wie ein Biwak – es war wohl ein ähnlicher Anblick wie Messina oder San Francisco am Tage nach der Katastrophe. Die Passagiere verwandelten sich alle in Krankenwärter und unermüdliche Trösterinnen, denn die Überlebenden waren zum Teil außer sich vor Schmerz. Man bedenke nur, daß von den geretteten Frauen siebenundsechzig zu Witwen geworden waren, daß vierzig eines oder mehrere Kinder verloren hatten und dreiundzwanzig andere nähere oder entferntere Verwandte beweinten!

Am andern Morgen ließ ich mir im Krankensaale die Beine verbinden. Da trat zu meiner Überraschung mein Kollege, der Elektriker Lockwood, ein, den ich nach der hastigen Mahlzeit, die wir mit den Köchen in dem Augenblick, als wir so rapide sanken, eingenommen, nicht mehr wieder gesehen. Er hatte sich auf einem eisernen Röhrenfloß gerettet, anscheinend das einzige, das man flott machen konnte. Er teilte mir bestimmt mit, daß der erste Leutnant Murdock Selbstmord begangen. Er hatte seinen noch warmen Körper auf dem hinteren Deck gefunden. Er berichtete mir auch glaubwürdig den Tod des Kapitäns. Mit Hilfe von sechs Personen hatte mein Kollege eben das Floß zu Wasser gebracht. Sie stießen in der Höhe der Kommandobrücke ab, gerade in dem Augenblick, wo sie endgültig im Wasser verschwand. Eine Welle des Strudels riß den Kapitän fort und warf ihn so nahe an das Floß, daß man ihm unter die Arme greifen und ihn an Bord ziehen konnte.

Der Kapitän stellte sich aufrecht und betrachtete sein Schiff, das da zehn Meter vor ihm unterging. Das war im Augenblick des höchsten Schreckens. Die Arme bewegend, starrte der Mann hin, und einige Sekunden lang hörte mein Kollege ihn murmeln: «Mein Gott, mein Gott!» Dann fragte er wie im Traum: «Wo ist der erste Offizier? Was ist aus ihm geworden?»

«Er ist tot, Kapitän. Er hat sich das Leben genommen.»

Ohne sich umzuwenden und ohne ein Wort zu sagen, stürzte sich der Kapitän nach der Seite der Titanic zu ins Wasser.

Der Steward des Kapitäns, der sehr an ihm hing und gleichzeitig mit ihm auf das Floß geklettert war, sprang ihm nach, um ihn herauszuholen. Doch der Kapitän stieß ihn zurück und rief:

«Sorgt für Euch selbst, Kinder! Gott behüte Euch!»

In diesem Augenblick fegte zweimal kurz nacheinander eine Welle über das Floß, und als sie wieder sehen konnten, war der Kapitän verschwunden.

Als ich am Morgen des nächsten Tages an Deck der CARPATHIA stieg, war Land in Sicht.

Um sieben Uhr abends lagen wir im New Yorker Hafen in Quarantäne. Um acht Uhr fuhren wir den Hudson hinauf, und eine halbe Stunde später brachten uns Schlepper an das Dock, wo die TITANIC hätte anlegen sollen.

Anhang

Das größte Schiff der Welt, das £ 1 500 000 teure White Star-Linienschiff Titanic *verlässt Southampton zu seiner ersten Fahrt nach New York.*

Der «Bauch» der TITANIC *– eine kleine Welt für sich.*

Der Zeitplan der Unglücksfahrt

10. APRIL 1912

12.00 Verläßt Hafen von Southampton; entgeht knapp der Kollision mit amerikanischem Dampfer NEW YORK.
19.00 Nimmt in Cherbourg Passagiere an Bord.
21.00 Ausreise Cherbourg nach Queenstown.

11. APRIL 1912

12.30 Nimmt in Queenstown Passagiere und Post an Bord. Ein Mitglied der Besatzung desertiert.
14.00 Ausreise Queenstown nach New York. An Bord 1316 Passagiere und 891 Mann Besatzung.

14. APRIL 1912

9.00 CARONIA meldet Eis Breite 42° N von Länge 49° bis 51° W.
13.42 BALTIC meldet Eis Breite 41° 51' N Länge 49° 52' W.
13.45 AMERIKA meldet Eis Breite 41° 27' N Länge 50° 8' W.

19.00 Temperatur 6,1 °C.
19.30 Temperatur 3,9 °C.
 CALIFORNIA meldet Eis Breite 42° 3' N Länge 49° 9' W.
21.00 Temperatur 0,6 °C.
21.30 Zweiter Offizier Lightholler warnt Zimmermann und Maschinenraum, die Trinkwasservorräte zu beobachten – könnten einfrieren; befiehlt Krähennest, auf Eis zu achten.
21.40 MESABA meldet Eis Breite 42° N bis 41° 25' N, Länge 49° bis 50° 30' W.
22.00 Temperatur 0 °C.
22.30 Wassertemperatur auf –0,6 °C gesunken.
23.00 CALIFORNIA warnt vor Eis; unterbrochen, bevor sie Position angibt.
23.40 Kollision mit Eisberg Breite 41° 46' N Länge 50° 14' W.

15. APRIL 1912

0.05 Befehl zum Klarmachen der Boote, Musterung der Mannschaft und Passagiere.
0.15 Erster Funkruf um Hilfe.
0.45 Erste Rakete abgefeuert.
 Erstes Boot, Nr. 7, zu Wasser gelassen.
1.40 Letzte Rakete abgefeuert.
2.05 Letztes Boot, Floß D, zu Wasser gelassen.
2.10 Letzter Funkruf.
2.18 Lichter verlöschen.
2.20 Schiff gesunken.
3.30 Raketen der CARPATHIA von den Booten gesichtet.

4.10	Erstes Boot, Nr. 2, von der CARPATHIA aufgenommen.
8.30	Letztes Boot, Nr. 12, aufgenommen.
8.50	CARPATHIA nimmt Kurs auf New York mit 705 Überlebenden.

ERSTE MELDUNG IN The Times VOM 15. APRIL 1912

TITANIC SUNK

TERRIBLE LOSS OF LIFE FEARED.

COLLISION WITH AN ICEBERG

OFFICIAL MESSAGES.

An ocean disaster, unprecedented in history, has happened in the Atlantic. The White Star liner Titanic on her maiden voyage, carrying nearly 2,400 people, has been lost near Cape Race, and according to the latest messages there is grave reason to fear that less than 700 of the passengers and crew have been saved.

Early yesterday evening the messages gave no indication of a catastrophe of such terrible magnitude, but later they became more and more serious.

As will be seen below, there is much that is conflicting in them, but the news of brighter import—of the possibility of more lives being saved by the vessels which hurried to the rescue—becomes more slender with each succeeding message.

Erste Meldung in THE TIMES *vom 15. April 1912.*

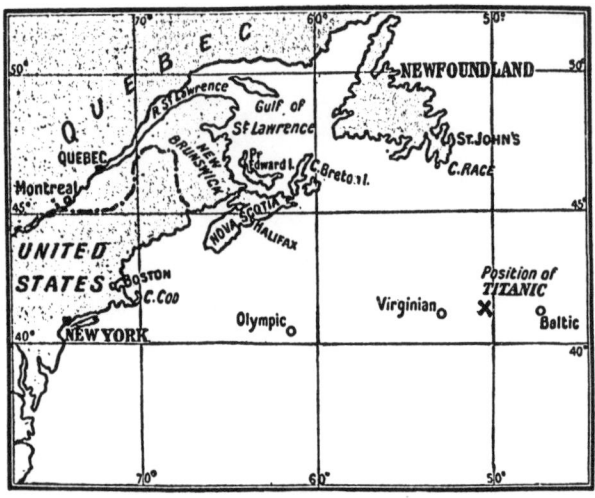

Passagiere eines Übersee-Dampfers betrachten ein Eisfeld.

Ein Eisfeld, wie es der TITANIC *zum Verhängnis wurde.*

Agenturmeldungen
vom 15. bis 17. April 1912

LONDON, 15. APRIL
Nach einer Depesche aus New York meldet ein in Halifax eingetroffenes drahtloses Telegramm, daß *alle Passagiere* der TITANIC *gerettet* sind. Die Gesellschaft, der das Schiff gehört, gibt bekannt, daß die VIRGINIA der TITANIC zu Hilfe gekommen und daß das Leben der Passagiere nicht gefährdet ist.

FRANKFURT A. M., 15. APRIL
Der FRANKFURTER ZEITUNG wird vom Untergang der TITANIC aus New York noch gemeldet: Die VIRGINIA befand sich, als das Hilfegesuch an sie gelangte, etwa 500 km von der TITANIC entfernt. Letztere wurde am Sonntag als 1600 km von Sandy Pool entfernt gemeldet. Mehrere andere Schiffe berichten ebenfalls von *Eisbergen*. Der französische Dampfer NIAGARA wurde bei Neufundland von einem solchen getroffen und beschädigt. Die gestern in New York eingetroffene CARMANIA sichtete 25 Eisberge.

Ohne die drahtlose Telegraphie an Bord der Titanic *wären wohl noch weniger Passagiere gerettet worden.*

NEW YORK, 15. APRIL
Es bestätigt sich, daß 3 Uhr 30 früh alle Passagiere die
TITANIC verlassen haben. Nach einer Blättermeldung aus
Halifax soll die TITANIC langsam auf Halifax zufahren.

NEW YORK, 15. APRIL
Ein Telegramm aus Montreal bestätigt, daß die TITANIC
aus eigener Kraft *Halifax erreicht* habe. Eine spätere
Meldung sagt, zwei Dampfer hätten dem Schiffe Hilfe
geleistet und sämtliche Passagiere an Bord genommen.

NEW YORK, 15. APRIL, 8.45 ABENDS
Die folgende Depesche ist vom *Cape Race* in Neufundland eingetroffen: Der Dampfer OLYMPIC berichtet, daß
die CARPATHIA die Unglücksstelle bei Tagesanbruch
erreicht hat, aber nur *Boote und Schiffstrümmer* vorfand.
Er berichtet, daß die TITANIC ungefähr um 2.20 Uhr früh
unter dem 41.16 Breitegrad und dem 50.14 Längsgrad
gesunken ist. Alle Boote der TITANIC sind festgestellt.
Ungefähr 675 von den Passagieren und Mannschaften
sind gerettet worden. Die geretteten Passagiere sind fast
sämtlich Frauen und Kinder. Der Dampfer CALIFORNIA
ist zurückgeblieben, um die Unglücksstelle abzusuchen.
Die CARPATHIA fährt mit den Überlebenden nach New
York zurück. Der Zusammenstoß der TITANIC mit dem
Eisberg fand um 22.20 am Sonntagabend statt.

NEW YORK, 15. APRIL, 9.10 N.
Im Bureau der White Star-Linie wird festgestellt, daß sich unter den *Überlebenden* an Bord der Carpathia alle *Passagiere der Ersten Klasse* befinden. Das Schiff wird am Freitag früh in New York erwartet.

NEW YORK, 16. APRIL, 7.50 V. (Priv.-Tel.)
Das Bureau der White Star-Linie war die ganze Nacht hindurch von Angehörigen der Passagiere *belagert*, von denen viele, besonders Frauen, in Tränen ausbrachen. Die Beamten können noch keine Auskunft über die Geretteten geben. Indessen wurde erklärt, daß anscheinend 866 Personen gerettet worden sind.

NEW YORK, 16. APRIL, 7.55 V. (Priv.-Tel.)
Die furchtbare Titanic-Katastrophe ruft hier starres *Entsetzen* hervor, umso mehr, als noch spät abends das White Star-Bureau alle als gerettet bezeichnet hatte. Es ist jetzt noch zweifelhaft, wie groß die Zahl der Toten ist. Indessen scheint aus einem drahtlosen Telegramm der Olympic hervorzugehen, daß *1800 Personen umgekommen* sind. Man hofft, daß es weniger sind, da die Passagierliste nur 1310 Namen aufweist und die Bemannung 860 Köpfe zählte, während 675 als gerettet gemeldet werden.

NEW YORK, 16. APRIL, 8 V. (Priv.-Tel.)
Die Olympic berichtet, daß *alle Rettungsboote* der Titanic *gefunden* seien, mithin keine Hoffnung auf weitere Rettungen vorhanden sei. Die Geretteten ver-

brachten acht Stunden in den offenen Booten und waren schneidender Kälte ausgesetzt.

NEW YORK, 16. APRIL, 8.10 V. (Priv.-Tel.)
Die *Wetterwarte* von *Cape Race* erklärt, zur Zeit der Katastrophe hätten weder die Windrichtung noch das Barometer Nebel auf See indiziert. Die *Meerestiefe* am Schauplatz der Katastrophe beträgt drei Kilometer.

NEW YORK, 16. APRIL, 8.25 V. (Priv.-Tel.)
Der Kapitän Smith, der Führer der TITANIC, hat 43 Jahre ohne Unfall die See befahren. Er hatte kürzlich in einem Interview erklärt, daß die TITANIC absolut nicht sinken könne.

NEW YORK, 16. APRIL, 8.30 V. (Priv.-Tel.)
Die letzten Berechnungen ergeben 1254 *Tote*. Der Untergang der TITANIC erfolgte 50 Kilometer vom Schauplatz der Kollision.

NEW YORK, 16. APRIL, 8.45 V. (Priv.-Tel.)
Die TITANIC, das Schwesternschiff der OLYMPIC, hatte wie diese *nur für ein Drittel* aller an Bord befindlichen Personen Raum in den *Rettungsbooten*, so daß beim Sinken des Dampfers selbst unter günstigsten Umständen ein großer Menschenverlust unvermeidlich war.

NEW YORK, 16. APRIL
Der Reeder Welsford, der den Atlantischen Ozean schon mehr als hundertmal befahren hat und der gestern mit der Carpathia landete, erklärte, er habe noch nie so viele Eisschollen so weit gegen Süden treiben sehen. Während der Fahrt hatten diese Schollen die Gestalt kleiner Berge mit glatter Oberfläche. Wenn sich der Nebel zuweilen hob, so ließen sich an Backbord und an Steuerbord Eishaufen gewahren. Die Carpathia hatte Mühe, sich einen Weg zu bahnen und den Gefahren des Eisganges auszuweichen.

NEW YORK, 16. APRIL
Um vier Uhr hatten alle Passagiere der Titanic das Bord verlassen, doch war die Ausdehnung der Havarie, welche das Schiff erlitten hatte, noch unbekannt. Das Fahrzeug fuhr bereits im Schlepptau gegen die Sandbänke von Caperat.

NEW YORK, 16. APRIL
Die Umschiffung der Passagiere der Titanic verlief ohne Zwischenfall bei ruhigem Wetter an Bord der Carpathia und der Parisian. Die Baltic telegraphierte um drei Uhr, sie habe Gegendampf gegeben, um die von der Carpathia und der Parisian aufgenommenen Reisenden abzuholen.

Die Besatzung der Titanic bleibt an Bord. Die Reisenden werden heute in Halifax erwartet, von wo aus sie mit der Bahn nach New York gelangen werden.

NEW YORK, 16. APRIL

Die Titanic ist um 2 Uhr 20 Minuten morgens gesunken. Opfer sind nicht zu beklagen.

Die White Star Co. teilt mit, der Kapitän der Olympic habe ein Telegramm gesandt, die Titanic sei um 2 Uhr 20 gesunken, nachdem alle Reisenden sowie die Besatzung sich in die Boote der Virginia gerettet hatten. Die Carpathia fährt mit mehreren hundert Passagieren der Titanic nach New York.

NEW YORK, 16. APRIL

Nach einer Depesche aus Montreal setzt die Virginia ihre Reise nach Liverpool fort. Die Regierung in Kanada hat vier Dampfern Weisung erteilt, die Titanic im Notfall zu unterstützen. Der Direktor der White Star Co. ist nach Halifax abgereist, um die Reisenden bei ihrer Ankunft zu empfangen.

PARIS, 16. APRIL

Le Matin schreibt in seiner dritten Ausgabe, von den Passagieren der Titanic seien mehr als 1000 Personen ertrunken. Das Schiff habe insgesamt 2200 Reisende und 900 Mann Besatzung an Bord gehabt. The Times gibt als Gesamtzahl der Schiffsinsassen 2350 an. Die Zahl der Geretteten beträgt 675, die Zahl der Opfer 1700.

PARIS, 16. APRIL

Der Petit Parisien meldet, auf der Titanic seien wenigstens für 25 Millionen Franken *Diamanten* transportiert worden, die verloren, aber duch Versicherung gedeckt seien.

PARIS, 16. APRIL

LE MATIN meldet aus New York: Wie Nachrichten aus Halifax besagen, erfolgte der Zusammenstoß der TITANIC mit dem Eisberg etwas nach 22 Uhr. Die Passagiere hatten den Eindruck, der Dampfer sei in ein anderes Schiff gefahren. Kapitän Smith habe seine Kaltblütigkeit nicht verloren. Da er den Ernst der Lage sofort erkannte, ließ er durch Funkmeldung Hilfe verlangen und war inzwischen auf die strengste Disziplin an Bord des Schiffes bedacht. In Halifax wurden fünf Extrazüge eingerichtet, welche die geretteten Passagiere nach New York bringen sollen.

PARIS, 16. APRIL

LE MATIN veröffentlicht in einer Spezialausgabe folgendes Telegramm: Halifax (Neuschottland), 15. April. Der folgende Auszug aus den *Aufzeichnungen des Telegraphisten der Marconi-Station* von *Cape Race* zeigt, in welcher Weise die Nachrichten über das Unglück einliefen:

Sonntag abend 19 Uhr 25 langten die ersten Hilfssignale der TITANIC an, auf welche eine Anzahl Schiffe, so die CARPATHIA, die BALTIC, die OLYMPIC, die CORMINA antworteten. 22 Uhr 55. Die TITANIC signalisiert: Wir sinken mit dem Vorderteil des Schiffes. 23 Uhr 25: Unsere Marconi-Station avisiert der VIRGINIA, daß die TITANIC dringend der Hilfe bedarf, und bezeichnet der VIRGINIA die Lage des Schiffes. Die VIRGINIA teilte mit, daß sie sich unverzüglich an die Stätte der Katastrophe begebe. 23 Uhr 36: Die TITANIC informiert die OLYMPIC, daß sie die Rettungsboote mit den Frauen ausgesetzt habe, und bittet um Entsendung der Rettungsboote der OLYMPIC. Fortgesetzt gibt die TITANIC Hilfesignale und zeigt ihre Lage an.

Der Telegraphist an Bord der TITANIC scheint ein überaus kaltblütiger Mann zu sein. Seine Signale waren alle deutlich; er hat sein Möglichstes getan. Die letzten Signale der TITANIC trafen um 0 Uhr 27 ein. Die VIRGINIA meldete, daß sie einige Signale der TITANIC erhalten habe, die ganz unverständlich waren.

PARIS, 16. APRIL

LE MATIN veröffentlicht ein Telegramm aus New York, welches besagt: Als die CARPATHIA an der Unglücksstätte eintraf, habe sie eine ganze Flottille von Hilfsbooten vorgefunden, die von heftigen Strömungen herumgeschleudert wurden. Die Geretteten hatten sehr unter der Kälte und der Aufregung zu leiden. Mit Ausnahme derjenigen Passagiere, die sich in den Rettungsbooten befanden, sind alle andern Passagiere der TITANIC spurlos verschwunden. Man ist überzeugt, daß Kapitän Smith mit seiner ganzen Besatzung ertrunken ist.

WASHINGTON, 16. APRIL

Die Regierung hat dringend von der White Star-Linie telegraphischen Bericht verlangt, wieviele Boote und Rettungsboote sich an Bord der TITANIC befanden.

ST. JOHN, 16. APRIL

Da als hoffnungslos angesehen wurde, daß noch weitere Überlebende von der TITANIC gefunden würden, haben heute nachmittag alle Dampfer, welche in der Nähe der Unfallstätte kreuzten, ihre Fahrt wieder aufgenommen.

HALIFAX, 16. APRIL

Die PARISIAN bemerkte, während sie nach Überlebenden der TITANIC suchte, viele Eismassen. Sie bemerkte unter den im weiten Umkreis schwimmenden Trümmern weder ein Floß noch Leichen. Es herrschte eine scharfe Kälte, so daß die Leute, die sich auf Schiffstrümmer gerettet hatten, *erfroren sein dürften*, bevor man ihnen zu Hilfe kommen konnte. Man erwartet die PARISIAN in Halifax.

NEW YORK, 17. APRIL

Der französische Dampfer NIAGARA ist hier eingetroffen. Er meldet, er sei in der Nacht vom Mittwoch in der Nähe der Stelle, wo die TITANIC unterging, auf eine Eisbank gestoßen. Der Zusammenstoß war ziemlich heftig, obgleich das Schiff wegen dichten Nebels mit verminderter Schnelligkeit fuhr. Der Kommandant gab sogleich ein Notsignal mit drahtloser Telegraphie. Die erschreckten Passagiere liefen auf Deck und der Kapitän untersuchte sogleich das Schiff. Darauf meldete er in einem neuen Radiogramm, daß er aus eigener Kraft die Fahrt nach New York fortsetzen könne.

LONDON, 17. APRIL

Die MORNING POST schreibt, durch drahtlose Telegramme der verschiedenen Schiffe seien auf der Marconi-Station von *Cape Race* beträchtliche Störungen verursacht worden. Man sei noch nicht sicher, ob diese Störungen nicht viel zur Ausdehnung des Unglücks beigetragen haben. Es wird die Frage aufgeworfen, ob es nicht an der Zeit sei, eine internationale Regelung der Übermittlung von Radiogrammen zu versuchen.

LONDON, 17. APRIL
Nach den letzten offiziellen Meldungen sind von 825 Passagieren Erster Klasse der Titanic *gerettet* 202, von 285 Passagieren Zweiter Klasse 114.

CAPE RACE, 17. APRIL
Der Kapitän der Olympic telegraphierte: Unterdrücken Sie bitte die Gerüchte, nach denen an Bord der Virginia oder der Parisian sich noch Passagiere der Titanic befinden. Ich glaube, es befinden sich bloß an Bord der Carpathia noch Überlebende. Der zweite, der dritte und der fünfte Offizier sind die einzigen, die gerettet wurden.

NEW YORK, 17. APRIL
Einige Damen der besten Gesellschaft haben ein Komitee gebildet, um den überlebenden Dritte-Klasse-Passagieren der Titanic bei der Ankunft der Carpathia Hilfe zu leisten.

BERLIN, 17. APRIL
Der New York Herald bringt heute den ersten *Bericht über den Hergang der Katastrophe* in einer Depesche aus St. John auf Neufundland. Die Erzählung stammt von dem Dampfer Bruce, der sich auf dem Wege nach Sydney befindet, und den Bericht von verschiedenen Schiffen, die in drahtloser Verbindung mit der Titanic waren und nachher drahtlos mit der Bruce in Verbindung kamen, erhalten haben will. Als die Titanic auf die Eismasse stieß, dampfte sie mit 18 Knoten Geschwin-

digkeit und krachte mit dem Bug gegen die undurchdringliche Maße. Der Dampfer wurde vom ersten Anprall fast *entzweigespalten*, die Verdecke wurden aufgerissen und zerfetzt, ebenso die Seiten. Die wasserdichten Schotten wurden zertrümmert. Vom Bug bis fast zur Mitte des Schiffes wurden die oberen Verdecke und einige Boote zersplittert. Ein Schauer von Trümmern hagelte auf die Riesenhalle. Das Schiff traf die Eismasse senkrecht vorwärts. Der zur Unkenntlichkeit zertrümmerte Bug bäumte sich schwer auf die Steuerbordseite. Die TITANIC drohte beim Rückstoß zu kentern, ehe sie sich auf ebenen Kiel zurücklegte. Sie war auf den unterseeischen Sporn eines Eisbergs gelaufen. Beim Auslaufen und Rückgleiten waren viele Bodenplatten aufgerissen. Infolgedessen füllten sich die Abteilungen von der Mitte bis zum Bug schnell mit Wasser. Der Dampfer lag schwer nach der Steuerbordseite und rollte furchtbar. Das Wasser stürzte so gewaltig herein, daß es den Pumpen Trotz bot, und das Schiff begann schnell vorn zu sinken. Viele Tonnen Eis waren auf die oberen Decks gefallen und hatten dort Verwüstungen angerichtet. Die Wucht des Anpralls war so furchtbar gewesen, daß das Riesenschiff von vorn bis hinten an allen Punkten so stark erschüttert wurde, daß die gesamte Einrichtung in Haufen zu Trümmern ging.

Jeder Mann stürzte auf seinen Posten. Kapitän Smith schrie seine Befehle durch das Sprachrohr. Genügende Ordnung wurde gewahrt, um die meisten Boote flott zu bekommen. Die Mehrzahl davon war trotz des Zusammenpralls seetüchtig geblieben. Frauen und Kindern wurde der Vortritt gegeben. *Herzzerreißende Szenen* spielten sich ab, als Gattinnen, Mütter, Schwestern und

Bräute von ihren Lieben Abschied nahmen und auf die ihnen zugewiesenen Plätze in den Booten stiegen. Als die TITANIC tiefer sank, wurden einige Boote eingedrückt, ehe sie von den Davits losgemacht werden konnten. Einige wenige wurden bei den Bemühungen, sie flott zu kriegen, umgeschlagen. Binnen weniger denn einer Stunde hatte das Wasser die Maschinenräume überschwemmt. Der Funktelegraphie wurde ein Ende gemacht. Die Dynamos standen still und die TITANIC lag in *tiefer Finsternis*, die nur von dem Schimmer der vereinzelten Laternen und Fackeln durchbrochen wurde.

Die Rettungsboote der TITANIC: *Waren sie zu weit vom Wasser entfernt?*

Die Titanic, *fünfzehn Minuten, bevor sie verschwand, gezeichnet nach Vorlagen eines Überlebenden.*

Die Musiker der Titanic: Sie spielten bis kurz vor dem Untergang.

Gerettete an Bord der CARPATHIA.

«Frauen und Kinder zuerst». Dieser Leitspruch hatte bei der Rettung Bestand.

Überlebende in den Rettungsbooten kurz bevor sie von der CARPATIHA aufgenommen wurden.

Auszüge aus einem Bericht von Lawrence Beesley, Passagier Zweiter Klasse

(52) Ich zog mich aus, kletterte in die obere Koje und las von etwa ein Viertel nach elf Uhr bis zum Aufprall, etwa ein Viertel vor zwölf. Während dieser Zeit fiel mir besonders auf, daß das Schiff stärker vibrierte, und ich nahm an, daß wir rascher fuhren als je, seit wir Queenstown verlassen hatten...

(54) Während ich so in der Stille der Nacht las, ereignete sich, was mir als nicht mehr denn ein zusätzliches Anschwellen der Maschinen und ein spürbares Tanzen der Matratze vorkam. Nicht mehr – kein Geräusch eines Zusammenpralls: kein Ruck, kein Knarren, wie wenn ein schwerer Körper auf einen andern trifft. Und kurz darauf das gleiche nochmals mit etwa der gleichen Stärke. Mir kam der Gedanke, sie hätten die Geschwindigkeit vermutlich noch erhöht ... und so las ich weiter...

(56) Aber nach wenigen Augenblicken fühlte ich, wie die Maschinen langsamer wurden und aussetzten; das Tanzen und Vibrieren, das seit vier Tagen ein Teil unseres Daseins gewesen war, hörte plötzlich auf, und das war der erste Hinweis darauf, daß etwas Ungewöhnliches geschehen war...

(62) Später ging ich noch einmal an Deck. Jetzt fuhr das Schiff wieder und glitt langsam durchs Wasser. Bald

beschloß ich, meine Kajüte wieder aufzusuchen ... als ich sah, wie ein Offizier auf das hintere Rettungsboot an Backbord stieg – in die Nummer 16 – und den Überzug abnahm. Aber niemand schenkte dem Beachtung. Warum sollte man auch, da es kein Anzeichen von Gefahr gab...

(64) Als ich die Treppe hinunterging ... hatte ich ein komisches Gefühl, etwas sei nicht im Gleichgewicht und als könne ich die Füße nicht richtig setzen... Die Treppe neigte sich vor und wollte einen nach vorn kippen. Ich konnte keine Schräge sehen – sie war nur zu fühlen...

(67) Ich zog mich wärmer an, setzte mich aufs Sofa und las etwa zehn Minuten weiter. Dann hörte ich den Lärm von Leuten, die oben auf und ab gingen, und den lauten Ruf: «Alle Passagiere auf Deck mit den Rettungsgürteln.» Ich steckte meine beiden Bücher in die Jackentasche, nahm meinen Rettungsgurt und meinen Morgenrock und ging hinauf aufs Topdeck...

(74) Eine vollkommen ruhige Atmosphäre; eine funkelnde, schöne Sternennacht, aber kein Mond und daher wenig Licht, das geholfen hätte; ein Schiff, das ohne Anzeichen eines Unglücks still zur Ruhe gekommen war...

(75) Niemand wußte etwas Bestimmtes... Das Schiff war einen Viertelkilometer lang, mit Passagieren auf sieben Decks, die sich aufs Meer öffneten, jedes Deck mit einer Backbord- und einer Steuerbordseite. Keiner wußte mehr als das, was in seiner unmittelbaren Umgebung geschah...

(77) Ich stand jetzt auf der Steuerbordseite des Bootsdecks; es war etwa 0.20. Wir sahen zu, wie die Mann-

schaft an den Rettungsbooten arbeitete, in den Nummern 9, 11, 13 und 15 ... Kurbeln wurden gedreht und die Davits, die Bootskrane, schwenkten aus, bis die Boote jenseits der Deckkante hingen. In dem Augenblick kam ein Offizier vom Erste-Klasse-Deck und schrie, das Zischen des ausströmenden Dampfes übertönend: «Alle Frauen und Kinder hinunter aufs B-Deck; alle Männer zurücktreten von den Booten.» ...

(78) [Die Boote wurden hinuntergelassen] auf die Höhe des B-Decks; Frauen und Kinder kletterten über die Reling in die Boote; waren diese voll, so wurden sie eins nach dem andern hinuntergelassen, angefangen mit Nummer 9, dem ersten auf dem Zweite-Klasse-Deck, bis zum hintersten, der Nummer 15...

(79) Wenn es aber irgendwen gab, der noch nicht gemerkt hatte, daß dem Schiff Gefahr drohte, dessen Zweifel wurden auf dramatische Weise beseitigt. Plötzlich vom Vordeck ein Lichtstoß, ein zischendes Getöse, das uns alle von den Booten ablenkte, und eine Rakete sauste empor, dorthin, wo über uns die Sterne blinkten und funkelten. Höher und höher stieg sie, verfolgt von einem Meer nach oben gewendeter Gesichter, und dann eine Explosion, die die schweigende Nacht spaltete, und ein Regen von Sternen sank langsam nieder, die einer nach dem andern erloschen. Ein einziges Wort entrang sich den Lippen der Menge mit einem atemlosen Seufzer: «Raketen!» Jeder weiß, was Raketen auf See bedeuten. Und dann noch eine und eine dritte...

(82) Unter den Männern auf der Steuerbordseite des Promenaden-Decks verbreitete sich eine Meldung, sie würden an Backbord ausgebootet; wie das Gerücht zustandekam, kann ich nicht sagen; ich kann nur ver-

muten, daß angenommen wurde, Frauen würden auf der einen Seite, Männer auf der anderen ausgeschafft, da ja die Rettungsboote an Backbord mit den Nummern 10–16 später als die Steuerbord-Rettungsboote hinuntergelassen wurden (jetzt sahen wir sie noch auf Deck); aber wie auch immer die Meldung entstand, sie wurde sofort von fast allen Männern befolgt... Zwei oder drei blieben zurück; nicht aus irgendeinem uns bewußten vernünftigen Grund; ich persönlich erinnere mich an keinen Entschluß, gefaßt nach einer klaren Überlegung, die mich bewogen hätte, zu bleiben statt hinüberzugehen...

(85) Ich hörte einen Ruf von unten her: «Noch mehr Damen?», und als ich über die Deckkante blickte, sah ich das Boot 13 auf der Höhe der B-Deck-Reling schweben, mit der Mannschaft, einigen Heizern, ein paar männlichen Passagieren und im übrigen Damen – sie machten etwa die Hälfte aus; das Boot war fast voll und sollte hinuntergelassen werden. Der Ruf nach Damen wurde noch zweimal wiederholt; aber offenbar ließen sich keine mehr finden. Einer von der Mannschaft blickte nach oben und sah mich hinunterspähen: «Hat's auf Ihrem Deck noch Damen?» fragte er. «Nein», antwortete ich. «Dann würde ich Ihnen raten zu springen.» Ich setzte mich auf das Deck und ließ die Beine baumeln, warf meinen Morgenrock... ins Boot, ließ mich fallen und landete nahe dem Heck...

(91) Wenn jemand wissen möchte, was das für ein Gefühl war: Es ist ganz leicht, von den Fenstern eines hohen Hauses 25 Meter abzumessen, hinunterzuschauen und sich vorzustellen, man sei mit rund 60 anderen Personen so eng in ein Boot gepackt, daß man sich nicht

setzen oder rühren kann, und sich dann auszumalen, wie das Boot ruckweise sinkt, wenn die Matrosen oben die Taue durch Klampen Fuß um Fuß ausstecken. Es gibt Angenehmeres! ...

(114) Um etwa 2.15 waren wir schätzungsweise ein bis zwei Meilen von der TITANIC entfernt...

(115) Während wir mit Schaudern zusahen, kippte sie langsam hoch, indem sie sich anscheinend um einen Schwerpunkt knapp hinter der Schiffsmitte drehte, bis sie senkrecht aufragte; und so verharrte sie – regungslos! ...

Plötzlich erloschen alle Lichter. Gleichzeitig war da ein Lärm...

(116) Es war teils ein Brüllen, teils ein Stöhnen, teils ein Rasseln und teils ein Krachen ... es dauerte 15 bis 20 Sekunden... Es war, als würden alle erdenklichen schweren Sachen von der Höhe eines Hauses hinuntergeworfen und schlügen sich und die Treppen und alles auf ihrem Wege entzwei.

(118) Als der Lärm vorbei war, ragte die TITANIC noch immer wie eine Säule: wir konnten jetzt nur noch sehen, wie das Heck und an die 50 Meter des Rumpfes als Silhouette vor dem sternenübersäten Himmel standen, schwarz vor der Dunkelheit, und in dieser Stellung blieb sie minutenlang – ich glaube, wohl fünf Minuten, aber es mag kürzer gedauert haben. Dann sank ihr Heck ein bißchen zurück, so dünkte mich, worauf sie langsam vorwärts durchs Wasser glitt und schief hinuntertauchte; das Meer schloß sich über ihr... Und statt der TITANIC lag nun die flache See vor uns und erstreckte sich ungebrochen bis zum Horizont...

(121) Wir warteten auf die große Welle – aber sie kam

nicht. Stattdessen kamen über die stille See die Rufe vieler Hunderter von Mitpassagieren, die im eiskalten Wasser ertranken.

(198) Um 4 Uhr stoppte die ... CARPATHIA ... knapp vor einem Eisberg und sichtete gleichzeitig das erste Rettungsboot...

(208) Die letzte Bootsladung Passagiere wurde um 8.30 an Bord geholt...

(282) Tatsache ist, daß das Gefühl der Angst die Passagiere sehr langsam beschlichen hat – eine Folge der friedlichen Nacht und des Fehlens aller Anzeichen von Gefahr.

(283) Jedermann hatte Zeit, einer aufkommenden Gefährdung seine Aufmerksamkeit einzeln zu schenken... Sodann herrschte das seltsame Gefühl vor, das ganze sei ein Traum.

(285) ...Was aber die Situation hauptsächlich bestimmte, waren Gehorsam und Achtung vor der Autorität: zwei beherrschende Eigenschaften der teutonischen Rasse.

Lawrence Beesley – The Loss of the S. S. Titanic. Its Story and its Lessons, London, William Heinemann 1912 (Seitenzahlen der Orginalausgabe in Klammern)

Lehren der Katastrophe, von Walter Lord

In dieser Aprilnacht verschwand mehr als der größte Dampfer der Welt, seine Ladung und das Leben von 1502 Menschen.

Niemals wieder würden Menschen ein Schiff in ein Eisfeld jagen, ungeachtet aller Warnungen, ihr ganzes Vertrauen auf ein paar tausend Tonnen Stahl und Nieten setzen. Seit jener Nacht nahmen Atlantikdampfer Eiswarnungen ernst, gingen auf anderen Kurs oder verringerten die Geschwindigkeit. Niemand glaubte mehr an ein «Schiff, das nicht sinken kann».

Auch können seither Eisberge nicht mehr unbehelligt dahintreiben und sich ihr Opfer suchen. Nach dem Untergang der TITANIC gründeten die amerikanische und die britische Regierung die Internationale Eispatrouille, und heute nehmen sich Kutter des Küstenschutzes verirrter Eisberge an, die auf die Schiffahrtsstraßen zutreiben. Die Winterroute selbst wurde als zusätzliche Vorsichtsmaßnahme weiter nach Süden verlegt.

Und es gab keine Dampfer mehr, deren Funkerbude nur für einen Teil des Tages besetzt war. Hinfort hatte jedes Passagierschiff eine 24stündige Funkwache. Niemals wieder konnte die Welt in Trümmer gehen, während ein Cyril Evans nur zehn Meilen davon entfernt wachfrei in der Koje schlief.

Es war auch das letzte Mal, daß ein Schiff in See ging, ohne ausreichende Rettungsboote an Bord zu haben. Die 46 328 BRT große Titanic fuhr unter hoffnungslos veralteten Sicherheitsbestimmungen...

Und es war das Ende der Klassenunterscheidung beim Besetzen der Boote. Die White Star-Linie hat immer geleugnet, daß irgend etwas der Art stattgefunden habe – und die mit der Untersuchung Beauftragten bestätigen das – und doch gibt es überwältigende Anzeichen dafür, daß das Zwischendeck arg den Kürzeren zog...

Auf der Verlustliste der Titanic stehen vier von 143 Frauen der Ersten Klasse (davon drei aus freier Wahl)... 15 von 93 Frauen der Zweiten Klasse... und 81 von 179 Frauen der Dritten Klasse. Gar nicht zu reden von den Kindern. Außer Lorraine Allison wurden alle 29 Kinder aus der Ersten und Zweiten Klasse gerettet, aber nur 23 von den 76 Kindern im Zwischendeck. Weder die Chance, ritterlich zu sein, noch die Früchte der Ritterlichkeit schienen sich mit einer Passage Dritter Klasse vereinbaren zu lassen...

Die Nacht brachte eine großartige Erfüllung des Grundsatzes «Frauen und Kinder zuerst», aber dann war es doch so, daß der Prozentsatz der umgekommenen Kinder der Dritten Klasse höher war als der der Männer aus der Ersten Klasse. Es war ein Gegensatz, der dem sozialen Gewissen (oder dem Sinn für lohnende Berichte) der heutigen Presse nie und nimmer entgangen wäre.

Aus: Walter Lord, Die letzte Nacht der Titanic,
Alfred Scherz Verlag, Bern 1955